ERICH ZENGER

Ein Gott der Rache?

BIBLISCHE BÜCHER

Herausgegeben von
Christoph Dohmen und Thomas Söding

Band 1

Erich Zenger
Ein Gott der Rache?

Herder
Freiburg · Basel · Wien

ERICH ZENGER

Ein Gott der Rache?

Feindpsalmen verstehen

S. Verse / Psu. S. 52/53

Herder

Freiburg · Basel · Wien

Die Deutsche Bibliothek – CIP-Einheitsaufnahme

Zenger, Erich:
Ein Gott der Rache : Feindpsalmen verstehen / Erich Zen-
ger. – Freiburg im Breisgau ; Basel ; Wien : Herder, 1994
    (Biblische Bücher ; Bd. 1)
    ISBN 3-451-23332-0
NE: GT

Texterfassung durch den Autor

INHALT

VORWORT

Die biblischen Psalmen konfrontieren uns mit einer Welt voller Feindschaft und Gewalt. Die Beterinnen und Beter schreien ihre Ängste vor den vielgesichtigen Feinden heraus – und vor allem ihrem Gott entgegen. Ja, sie klagen ihren Gott selbst als Feind an, der sie ängstet und bedrängt. Mit den Psalmen kämpfen sie gegen ihre Ängste und gegen die aus ihnen aufsteigenden Feindbilder. Die „Feindpsalmen" sind ein Weg, den aggressiven Feindbildern ihre Destruktivität zu nehmen und sie in konstruktive Kraft umzuwandeln: das ist die These dieses Buches, das eine im Christentum meist verkannte und verachtete Eigenart des biblischen Psalmenbuchs nahebringen will.

Daß die Frage nach den „Feindbildern" eine anthropologisch und gesellschaftlich zentrale Frage ist, haben neuere Untersuchungen zum Thema „Gewalt" vielfach herausgestellt. Die Psychoanalytikerin Thea Bauriedl sagt dazu beispielsweise in ihrem Buch „Wege aus der Gewalt. Analyse von Beziehungen" (Freiburg ²1993):

„Seit einigen Jahren wird im deutschsprachigen Raum viel von Feindbildern gesprochen, von der Gefährlichkeit der Feindbilder als Vorläufer kriegerischer und gewalttätiger Auseinandersetzungen und von der Notwendigkeit, sie abzubauen. Aber was sind eigentlich Feindbilder? Wozu brauchen wir sie? Wie entstehen sie beim einzelnen und im Kollektiv? Gibt es eine psychische oder auch kollektiv-psychische Disposition, die der Entwicklung von Feindbildern zuträglich ist? Und wie entsteht eine solche Disposition? Wie kann sich eine solche Disposition verändern? Alle diese Fragen sind Fragen der politischen Psychologie bzw. der politischen Psychoanalyse. Die Antworten der politischen Psychoanalyse können dabei über den bloßen *Appell* zum Abbau von Feindbildern hinausführen, denn sie tragen zu einem *Verständnis* der Mechanismen bei, die in *jedem* Menschen ablaufen. Wenn wir verstehen lernen, daß Feindbilder bei uns selbst wie bei anderen Menschen *not-gedrungen* immer wieder entstehen, sobald unsere Angst in zwischenmenschlichen Konflikten zu groß wird, dann brauchen wir andere Menschen weniger zu entwerten oder anzugreifen, wenn sie im Zustand der (vielleicht auch verdrängten) Angst mit Entwertung oder mit feindseligen Phantasien reagieren. Das bedeutet: Dann brauchen wir nicht mehr Feindbilder gegen Feindbilder zu entwickeln. Wir können leichter Wege finden, uns selbst und anderen aus diesem unglücklichen Zustand herauszuhelfen, anstatt das Unglück durch immer weitere Entwertungen und Feindseligkeiten fortzusetzen ...

Es handelt sich beim Abbau von Feindbildern nicht nur darum, ein Vorurteil zu revidieren bzw. einen Irrtum aufzuklären. Der Begriff Feindbild bezeichnet vielmehr eine ganz bestimmte *Beziehungsform* zwischen dem, der das Feindbild entwickelt hat, und seinem „Feind". Natürlich ist dieser „Feind" unter Umständen real gefährlich, eben weil man in einer solchen Beziehung oft sehr real gefährdet ist. Wenn das Feindbild als Ausdruck einer bestimmten Beziehung verstanden wird, dann handelt es sich bei der Auflösung von Feindbildern auch nicht um die Aufklärung *eines Irrtums, sondern um die Veränderung einer Beziehungsstruktur.*" (S. 19.28 f).

Die Psalmen artikulieren erlittene und befürchtete Gewalt als Beziehungsphänomen. Als poetische Gebete sind sie Medien sprachlicher Bändigung der Gewalt und Anleitung zu Wegen aus der Gewalt – im Angesicht eines Gottes, der als „Gott der Rache" die gottwidrige und lebensvernichtende Gewalt *als solche* entlarvt *und* die Vision von einem Leben ohne Gewalt wach hält. Freilich: Die biblischen Psalmen reden von und zu *diesem* Gott auf irritierende, oft schockierende Weise. Insbesondere die mißverständlich so genannten „Fluchpsalmen" (sie verfluchen nicht, sondern tragen Gott leidenschaftliche Klagen, Bitten und Wünsche vor!) sind vielen Christen ein Rätsel und Ärgernis. Die nachkonziliare Liturgiereform hat deswegen sogar einige Psalmen als für das kirchliche Stundengebet unzumutbar ausgestoßen. Und in einem Akt lehramtlicher Barbarei hat sie bei mehreren Psalmen die poetische Gestalt zerstört, als sie einzelne Psalmverse einfach wegstrich. Daß und warum diese Zensur unnötig und inakzeptabel ist, will ich in diesem Buch aufweisen. Vor allem will ich einen Weg zeigen, wie die Feindpsalmen helfen können, daß wir an der Welt der Gewalt, in der wir leben müssen, nicht verzweifeln oder zerbrechen.

Auch dieses Buch hätte nicht entstehen können, wenn ich nicht wieder die zuverlässige Hilfe meiner Mitarbeiterinnen und Mitarbeiter am Seminar für Zeit- und Religionsgeschichte des Alten/Ersten Testaments an der Universität Münster erfahren hätte. So danke ich Ulrike Homberg, Benedikt Jürgens, Resi Koslowski, Ilse Müllner, Johannes Rienäcker und Bettina Wagner für die Mitwirkung bei der Erstellung der Druckvorlage und für Rückfragen, die zur Schärfung der Gedanken und Formulierungen angeregt haben.

Erich Zenger

I

Ein vielschichtiges Problem

1. Ärgerliche und abstoßende Psalmen

Die Psalmen des Ersten Testaments brauchen den Vergleich mit anderen poetischen Werken der Weltliteratur nicht zu scheuen. Ihre Sprach- und Bildkraft hat über die Jahrhunderte hinweg die Herzen und die Lippen der Menschen geöffnet – zu Anklage und Lobpreis Gottes, zu Bitte und Dank, zu Zweifel und Einsicht. Die biblischen Psalmen haben Dichter und Musiker inspiriert. Die „Biblischen Lieder" von Antonin Dvořak oder die „Psalmen-Sinfonie" von Igor Strawinsky, auch die Psalmenmotetten von Heinrich Schütz oder Psalmen-Kompositionen von Ludwig van Beethoven sind aus der urtümlichen Kraft der biblischen Psalmen erwachsen. Und gerade Menschen, die nicht durch kirchliche Sozialisation „verdorben" sind, machen mit den Psalmen die Erfahrung, die Ludwig Strauss so ausgedrückt hat: „Das biblische Gedicht ist ein lebendiger Raum, in den du eingehen kannst wie in den Schatten eines uralten, mit dem Wind des Himmels redenden Ölbaums." [1] Noch in unserem Jahrhundert haben Dichter immer wieder „Psalmen" geschrieben. Die modernen Psalmen wollen keine religiöse Lyrik sein. Und schon gar keine frommen Nachdichtungen („christliche Nachdichter" ausgenommen!). Daß Dichter wie Bert Brecht (vgl. seine Augsburger Gedichte) und Paul Celan (vgl. seinen „Psalm" im Gedichtband „Die Niemandsrose"), Ingeborg Bachmann (vgl. die Gedichte

11

I Ein vielschichtiges Problem

„Anrufung des großen Bären" oder „Psalm") und Ernesto Cardenal (vgl. die „lateinamerikanischen Psalmen") formale Elemente und Metaphern der biblischen Psalmen aufgreifen, um angesichts des Zerbrechens der überlieferten Sprachkonventionen eine neue Sprache für ihre Sozial-, Kultur- und Religionskritik, aber auch für authentische Visionen zu finden, dokumentiert das schier unerschöpfliche poetische Potential, das in den Psalmen lebt.

Mit und in den Psalmen hat vor allem das Gottesvolk Israel seine Identität und seine Lebendigkeit bewahrt, allen (auch christlichen) Ausrottungsversuchen zum Trotz. Auch in der christlichen Theologie- und Frömmigkeitsgeschichte nehmen die Psalmen einen einzigartigen Platz ein. Sie sind neben dem Jesajabuch das im Neuen Testament am häufigsten ausdrücklich zitierte und eingespielte Buch des Ersten Testaments. Sie haben schon früh ihren Ehrenplatz im monastischen Gebet und sodann in der persönlichen Frömmigkeit von Christinnen und Christen erhalten. Die Psalmen und die von ihnen inspirierten „Psalmenlieder" wurden poetische Programm- und Kampftexte der großen Reformatoren und ihrer reformatorischen Kirchen. Psalmverse wurden als Lebensmotto im Konfirmationsspruch verwendet. Und nicht selten steht ein Psalmvers über Todesanzeigen. Bei den im Umfeld des Zweiten Vatikanums geführten Diskussionen über die Reform des allgemeinen kirchlichen Stundengebets stellte sich sehr bald der Konsens ein: Die Psalmen müssen die Substanz des Stundengebets bleiben.

Freilich: Bei aller Faszination und Zustimmung, die *den* Psalmen im allgemeinen und vielen einzelnen Psalmen zuteil wurde und wird, ist der Widerspruch gegen einzelne Psalmen (und als Folge davon teilweise auch gegen den *ganzen* Psalter) nie verstummt. Nicht nur bei der Diskussion vor und auf dem Konzil ist dieser Widerspruch klar und unmißverständlich vorgebracht worden (s.u.II. 2). Es gehört beinahe zum Ritual pastoraler Überlegungen und Handreichungen, die in das Psalmengebet einführen wollen, daß bedauernd und entschuldigend darauf verwiesen wird, daß das so schöne Psalmenbuch leider einige Schönheitsfehler habe, über die man nur entweder christlich großzügig oder eben christlich verurteilend hinweggehen könne. Ich selbst habe es mit geradezu naturgesetzlicher Regelmäßigkeit bei Vorträgen über Psalmen erlebt: Mein theologisches Pathos wurde schon bald (meist sogar gleich) mit der Frage nach den sogenannten Fluch- und Rachepsalmen oder gleich mit direkten Psalmzitaten konfrontiert: „Meinen Sie wirklich, daß man *als Christ* (die Frage lautet nie: *als Jude* oder *als Mensch* und schon gar nicht *als Vergewaltigte*) so beten darf?"

Muß sich nicht Widerspruch, Unverständnis und Ablehnung zu Wort melden, wenn man als „Wort Gottes" bzw. als kirchenamtlich empfohlene Gebete rezitieren und meditieren soll, was in den nachstehend zitierten Psalmversen steht? Zwar wird die Intensität des Widerspruchs im Einzelfall *auch* von der jeweils gewählten Übersetzung abhängen. Zur Illustration zitiere ich deshalb jeweils vier Übersetzungen in der Reihenfolge: (1) Einheitsübersetzung, (2) Original-Lutherfassung, (3) Revidierte Lutherfassung von 1984 (nur aufgeführt, wenn die Revision eine Textänderung vornahm), (4) Übersetzung von Martin Buber. Die Reihenfolge signalisiert dabei in der Regel auch eine Steigerung der Sensibilität in der Sprache. Doch geht es hier fundamental nicht um ein Problem der Übersetzung, sondern um ein Ärgernis der Texte selbst.

Ich wähle *sieben Beispiele* (die stark vermehrt werden

könnten), um das Problem sichtbar zu machen, dessen Komplexität dann freilich weiter entfaltet werden muß.

1. Beispiel: Ps 5, 5–7

(Einheitsübersetzung:)

Denn du bist kein Gott, dem das Unrecht gefällt;
    der Frevler darf nicht bei dir weilen.
Wer sich brüstet, besteht nicht vor deinen Augen;
    denn dein Haß trifft alle, die Böses tun.
Du läßt die Lügner zugrunde gehn,
    Mörder und Betrüger sind dem Herrn ein Greuel.

(Nichtrevidierte = revidierte Lutherfassung:)

Denn du bist nicht ein Gott, dem gottloses Wesen gefällt;
    wer böse ist, bleibt nicht vor dir.
Die Ruhmredigen bestehen nicht vor deinen Augen;
    du bist feind allen Übeltätern.
Du bringst die Lügner um;
    der Herr hat Greuel an den Blutgierigen und Falschen.

(Martin Buber:)

Denn nicht bist du eine Gottheit,
die Lust hat am Frevel,
ein Böser darf nicht bei dir gasten,
Prahler sich dir vor die Augen nicht stellen,
Die Argwirkenden hassest du alle,
die Täuschungsredner lässest du schwinden. –
Ein Greuel ist DIR der Mann von Bluttat und Trug.

2. Beispiel: Ps 41, 11–12

(Einheitsübersetzung:)

Du aber, Herr, sei mir gnädig;
    richte mich auf, damit ich ihnen vergelten kann.
Daran erkenne ich, daß du an mir Gefallen hast:
    wenn mein Feind nicht triumphieren darf über mich.

(Nichtrevidierte Lutherfassung:)

Du aber, Herr, sei mir gnädig und hilf mir auf,
    so will ich sie bezahlen.
Dabei merke ich, daß du Gefallen an mir hast,
    daß mein Feind nicht über mich jauchzen wird.

1. Ärgerliche und abstoßende Psalmen

(Revidierte Lutherfassung:)

Du aber, Herr, sei mir gnädig und hilf mir auf,
 so will ich ihnen vergelten.
Daran merke ich, daß du Gefallen an mir hast,
 daß mein Feind nicht über mich frohlocken wird.

(Martin Buber:)

„Du aber, DU leihe mir Gunst!
richte mich auf,
daß ich's ihnen bezahle!"
Daran habe ich erkannt,
daß du Lust hast an mir:
daß mein Feind nicht jubeln darf über mich.

3. Beispiel: Ps 58,7–12

(Einheitsübersetzung:)

O Gott, zerbrich ihnen die Zähne im Mund!
 Zerschlage, Herr, das Gebiß der Löwen!
Sie sollen vergehen wie verrinnendes Wasser,
 wie Gras, das verwelkt auf dem Weg,
wie die Schnecke, die sich auflöst in Schleim;
 wie eine Fehlgeburt sollen sie die Sonne nicht schauen.
Ehe eure Töpfe das Feuer des Dornstrauchs spüren,
 fege Gott die Feinde hinweg, ob frisch, ob verdorrt.
Wenn er die Vergeltung sieht, freut sich der Gerechte,
 er badet seine Füße im Blut des Frevlers.
Dann sagen die Menschen: „Der Gerechte erhält seinen Lohn;
 es gibt einen Gott, der auf Erden Gericht hält."

(Nichtrevidierte Lutherfassung:)

Gott, zerbrich ihre Zähne in ihrem Maul;
 zerstoße, Herr, das Gebiß der jungen Löwen!
Sie werden zergehen wie Wasser, das dahinfließt.
 Sie zielen mit ihren Pfeilen; aber dieselben zerbrechen.
Sie vergehen, wie eine Schnecke verschmachtet;
 wie eine unzeitige Geburt eines Weibes sehen sie die Sonne
 nicht.
Ehe eure Dornen reif werden am Dornstrauch,
 wird sie ein Zorn so frisch wegreißen.

15

Der Gerechte wird sich freuen, wenn er solche Rache sieht,
   und wird seine Füße baden in des Gottlosen Blut,
daß die Leute werden sagen: Der Gerechte wird ja seiner Frucht
genießen;
   es ist ja noch Gott Richter auf Erden.

(Revidierte Lutherfassung:)

Gott, zerbrich ihnen die Zähne im Maul,
   zerschlage, Herr, das Gebiß der jungen Löwen!
Sie werden vergehen wie Wasser, das verrinnt,
   Zielen sie mit ihren Pfeilen, so werden sie ihnen zerbrechen.
Sie gehen dahin, wie Wachs zerfließt,
   wie eine Fehlgeburt, die die Sonne nicht sieht.
Ehe eure Töpfer das Dornfeuer spüren,
   reißt alles der brennende Zorn hinweg.
Der Gerechte wird sich freuen, wenn er solche Vergeltung sieht,
   und wird seine Füße baden in des Gottlosen Blut;
und die Leute werden sagen: Ja, der Gerechte empfängt seine
Frucht,
   ja, Gott ist noch Richter auf Erden.

(Martin Buber:)

– Gott, zermalme ihnen die Zähne im Mund,
das Gebiß der Leuen zerkrache, DU!
Sie sollen zerrinnen wie Wasser, die sich verlaufen!
– Spanne der nur, wie gekappt sind seine Pfeile!
Wie die Schnecke verrinnt, muß er zerlaufen! –
Fehlgeburt des Weibes, schaun sie die Sonne nie!
Eh sies merken, eure Stacheln des Wegdorns:
ob er lebensfrisch ob ausgedörrt ist,
schon hats ihn hinweggestürmt.
Freuen soll sich der Bewährte,
denn er hat Ahndung geschaut,
er darf seine Tritte baden
im Frevlerblut.
Sprechen wird der Mensch:
Gewiß, Frucht ist dem Bewährten,
gewiß, Gottheit west,
im Erdlande richtend.

4. Beispiel: Ps 79, 10–12

(Einheitsübersetzung:)

Warum dürfen die Heiden sagen:
  „Wo ist nun ihr Gott?"
Laß kund werden an den Heiden vor unsern Augen,
  wie du das vergossene Blut deiner Knechte vergiltst.
Das Stöhnen der Gefangenen dringe zu dir.
  Befrei die Todgeweihten durch die Kraft deines Armes!
Zahl unseren Nachbarn siebenfach heim
  die Schmach, die sie dir, Herr, angetan.

(Nichtrevidierte Lutherfassung:)

Warum lässest du die Heiden sagen:
  „Wo ist nun ihr Gott?"
Laß unter den Heiden vor unsern Augen kund werden
  die Rache des Bluts deiner Knechte, das vergossen ist.
Laß vor dich kommen das Seufzen der Gefangenen;
  nach deinem großen Arm erhalte die Kinder des Todes.
Und vergilt unsern Nachbarn siebenfältig in ihrem Busen
  ihr Schmähen, damit sie dich, Herr, geschmäht haben.

(Revidierte Lutherfassung:)

Warum läßt du die Heiden sagen:
  „Wo ist nun ihr Gott?"
Laß unter den Heiden vor unseren Augen kundwerden
  die Vergeltung für das Blut deiner Knechte, das vergossen ist.
Laß vor dich kommen das Seufzen der Gefangenen;
  durch deinen starken Arm erhalte die Kinder des Todes
und vergilt unsern Nachbarn siebenfach auf ihr Haupt
  ihr Schmähen, mit dem sie dich, Herr, geschmäht haben.

(Martin Buber:)

Warum sollen die Weltstämme sprechen:
„Wo ist ihr Gott?"!
An den Weltstämmen werde kund uns vor Augen
die Ahndung des Bluts deiner Knechte,
des verschütteten.
Vors Antlitz komme dir
des Gefesselten Ächzen!
Der Größe deines Armes gemäß
laß überbleiben die Kinder des Sterbens!

laß auf unsere Anwohner sich kehren,
in ihren Busen siebenfach
den Hohn, mit dem sie dich höhnten,
mein Herr!

5. Beispiel: Ps 94, 1–2.22–24

(Einheitsübersetzung:)
Gott der Vergeltung, o Herr,
    du Gott der Vergeltung, erscheine!
Erhebe dich, Richter der Erde,
    vergilt den Stolzen ihr Tun!
Doch meine Burg ist der Herr,
    mein Gott ist der Fels meiner Zuflucht.
Er wird ihnen ihr Unrecht vergelten,
und sie wegen ihrer Bosheit vernichten;
    vernichten wird sie der Herr, unser Gott.

(Nichtrevidierte Lutherfassung:)
Herr, Gott, des die Rache ist,
    Gott, des die Rache ist, erscheine!
Erhebe dich, du Richter der Welt;
    vergilt den Hoffärtigen, was sie verdienen!
Aber der Herr ist mein Schutz;
    mein Gott ist der Hort meiner Zuversicht.
Und er wird ihnen ihr Unrecht vergelten
und wird sie um ihre Bosheit vertilgen;
    der Herr, unser Gott, wird sie vertilgen.

(Revidierte Lutherfassung:)
Herr, du Gott der Vergeltung,
    du Gott der Vergeltung erscheine!
Erhebe dich, du Richter der Welt;
    vergilt den Hoffärtigen, was sie verdienen!
Aber der Herr ist mein Schutz,
    mein Gott ist der Hort meiner Zuversicht.
Und er wird ihnen ihr Unrecht vergelten
und sie um ihrer Bosheit willen vertilgen;
    der Herr, unser Gott, wird sie vertilgen.

(Martin Buber:)

Gott der Ahndungen, DU,
Gott der Ahndungen, erscheine!
Erhebe dich, Richter der Erde!
Kehre wider die Hoffärtigen das Gereifte!
Aber ER wird mir zum Horst,
mein Gott zum Felsen meiner Bergung.
Ihr Arg läßt er über sie kehren,
in ihrer Bosheit schweigt er sie,
es schweigt sie ER unser Gott.

6. Beispiel: Ps 137,7–9

(Einheitsübersetzung:)

Herr, vergiß den Söhnen Edoms nicht den Tag von Jerusalem;
   sie sagten: „Reißt nieder, bis auf den Grund reißt es nieder!"
Tochter Babel, du Zerstörerin!
   Wohl dem, der dir heimzahlt, was du unter uns getan hast!
Wohl dem, der deine Kinder packt
   und sie am Felsen zerschmettert!

(Nichtrevidierte Lutherfassung:)

Herr, gedenke den Kindern Edom den Tag Jerusalems,
   die da sagten: „Rein ab, rein ab bis auf ihren Boden!"
Du verstörte Tochter Babel,
   wohl dem, der dir vergilt, wie du uns getan hast!
Wohl dem, der deine jungen Kinder nimmt
   und zerschmettert sie am Stein.

(Revidierte Lutherfassung:)

Herr, vergiß den Söhnen Edom nicht, was sie sagten am Tage Jerusalems:
   „Reißt nieder, reißt nieder bis auf den Grund!"
Tochter Babel, du Verwüsterin,
   wohl dem, der dir vergilt, was du uns angetan hast!
Wohl dem, der deine jungen Kinder nimmt
   und sie am Felsen zerschmettert!

(Martin Buber:)

Den Edomssöhnen gedenke, DU,
den Tag von Jerusalem,
die gesprochen haben: „Legt bloß,

legt bloß bis auf den Grund in ihr!"
Tochter Babel, Vergewaltigerin!
Glückauf ihm, der dir zahlt
dein Gefertigtes, das du fertigtest uns:
Glückauf ihm, der packt und zerschmeißt
deine Kinder an dem Gestein.

7. Beispiel: Ps 139, 19–22

(Einheitsübersetzung:)

Wolltest du, Gott, doch den Frevler töten!
   Ihr blutgierigen Menschen, laßt ab von mir!
Sie reden über dich voll Tücke
   und mißbrauchen deinen Namen.
Soll ich die nicht hassen, Herr, die dich hassen,
   die nicht verabscheuen, die sich gegen dich erheben?
Ich hasse sie mit glühendem Haß;
   auch mir sind sie zu Feinden geworden.

(Nichtrevidierte Lutherfassung:)

Ach Gott, daß du tötetest die Gottlosen,
   und die Blutgierigen von mir weichen müßten!
Denn sie reden von dir lästerlich,
   und deine Feinde erheben sich ohne Ursache.
Ich hasse ja, Herr, die dich hassen,
   und es vedrießt mich an ihnen, daß sie sich wider dich setzen.
Ich hasse sie in rechtem Ernst;
   sie sind mir zu Feinden geworden.

(Revidierte Lutherfassung:)

Ach Gott, wolltest du doch die Gottlosen töten!
   Daß doch die Blutgierigen von mir wichen!
Denn sie reden von dir lästerlich,
   und deine Feinde erheben sich mit frechem Mut.
Sollte ich nicht hassen, Herr, die dich hassen,
   und verabscheuen, die sich gegen dich erheben?
Ich hasse sie mit ganzem Ernst;
   sie sind mir zu Feinden geworden.

(Martin Buber:)

O daß du, Gott, umbrächtest den Frevler:
„Ihr Blutsmänner, weichet von mir!"

sie, die dich zu Ränke besprechen,
es hinheben auf das Wahnhafte, deine Gegner!
Hasse ich deine Hasser nicht, DU,
widerts mich der dir Aufständischen nicht?
ich hasse sie mit der Allheit des Hasses,
mir zu Feinden sind sie geworden.

2. Allgegenwart der Feinde im ganzen Psalmenbuch

Nicht nur einige wenige Psalmen wirken auf viele abstoßend, sondern das Psalmenbuch als Ganzes erscheint wegen seiner Feind- und Gewaltbesetztheit wenig attraktiv.

Welches Grundmuster menschlichen Lebens schlägt in den zitierten Psalmenbeispielen und im Psalmenbuch überhaupt durch? Das Leben des einzelnen und des Volkes Israel erscheint hier überwiegend wie ein täglicher Kampf, ja Krieg mit Feinden. Die Beter fühlen sich von einem riesigen Kriegsheer umzingelt, bedroht und beschossen. Oder sie empfinden sich wie ein von Jägern und Fallenstellern gejagtes Tier. Oder sie sehen sich umgeben und überfallen von freßgierigen Raubtieren, wild trampelnden Stieren oder giftspritzenden Schlangen. Selbst in Psalmen, in denen sich die lyrische Grundgestimmtheit von Geborgenheit und Gelassenheit, ja eine lyrische Zustimmung zum Leben ausspricht, schieben sich urplötzlich die schrillen Mißtöne dazwischen, die an Feindschaft, Verfolgung und Haß erinnern.

Läßt man die Emotionen und Assoziationen unbefangen und offen zu, die beim Lesen oder Hören dieser Psalmenausschnitte aufsteigen, melden sich Irritation und Widerstand: Auch wenn meist ein Rechtskontext angesprochen oder anvisiert ist, so überrascht doch, wie gewalttätig, zerstörerisch und rachsüchtig dieser Gott des Ersten Testaments erscheint. Und nicht nur dies: Die Beter wollen die Vernichtung ihrer und ihres Gottes Feinde geradezu sinnenhaft miterleben. Nicht um Überwindung, sondern um Steigerung von Haß- und Rachegefühlen scheint es hier zu gehen. Und die Bilder wühlen das Aggressionspotential auf und produzieren Feindphantasien, wo eigentlich differenzierende Distanz gefordert wäre. Wird hier nicht der Gottesglaube zur Waffe gegen Feinde und zur Legitimation feindseliger Beziehungen, weil die Beter selbst nicht zu anderen Beziehungen fähig sind? Wird hier nicht ein Gotteskonflikt beschworen und seine Lösung von einem Gott der Gewalt, ja der Rache herbeigerufen, weil Menschen – aus welchen Gründen auch immer – konfliktunfähig *und* versöhnungsunfähig sind?

Wem stößt nicht die kriegerisch-aggressive Stimmung von Ps 8,3 auf (sie ist freilich schon von der griechischen Psalmenübersetzung gemildert worden und diese mildere Version ist von da ins Neue Testament bzw. in die christlichen Übersetzungen gewandert: vgl. Mt 21,16), falls er sie sich im Kontrast zum hymnischen Lobpreis der Güte des Weltkönigs JHWH, der sich um jedes einzelne seiner „Menschenkinder" liebevoll kümmert, bewußt macht:

JHWH, du unser Herrscher [und keiner sonst!],
wie machtvoll ist dein Name auf der ganzen Erde!
Du hast deine Hoheit über den Himmel hin ausgebreitet.
Aus dem Munde von Neugeborenen und Säuglingen
hast du eine Festung gegründet
um deiner Widersacher willen,
um ein Ende zu machen dem Feind und dem Rachgierigen.
Wenn ich schaue deinen Himmel, Werk deiner Finger,
Mond und Sterne, die du befestigt hast –
  [dann kommt mir die Frage:]

Was ist es um das Menschlein, daß du seiner gedenkst,
und um das Menschenkind, daß du seiner dich annimmst?

(Ps 8, 2–5)

Und wer ist nicht enttäuscht darüber, daß der innige
23. Psalm, von dem der Philosoph Immanuel Kant
sagte: „Alle Bücher, die ich gelesen habe, haben mir diesen Trost nicht gegeben, den mir dies Wort der Bibel
gab", seine Vision von einer mystischen Gemeinschaft
mit Gott offensichtlich wieder nur im siegesstolzen Gegenüber zu einer feindlichen Welt und im Wissen um
die angstmachende Schlagkeule im Hintergrund entwerfen kann:

Selbst wenn ich gehen muß
durchs Tal der Finsternis,
fürchte ich kein Unheil,
denn du bist mit mir,
deine Keule und dein Stab,
die machen mir Mut.
Du rüstest vor mir ein Mahl
im Angesicht meiner Widersacher. (Ps 23, 4–5)

Einmal sensibilisiert für die „Allgegenwart" von Feinden, Feindbildern und Feindängsten, wird es schon
nicht mehr überraschen, daß der „Gottesreichpsalm"
145, der so eng mit dem „Vater unser" Jesu und mit dem
Kaddisch-Gebet aus der Zeit Jesu verwandt ist, mit der
geradezu triumphalistisch klingenden Gewißheit
schließt:

Alle, die ihn lieben, behütet der Herr,
doch alle Frevler vernichtet er.

(Ps 145, 20 Einheitsübersetzung)

ER hütet alle, die ihn lieben,
aber alle Frevler vertilgt er.

(Ps 145, 20 Martin Buber)

Wer die Bilder, die Szenen und die Lebenskontexte der einzelnen Psalmen auf sich wirken läßt, wird erschrekken über so viel Klage *gegen* Gewalt, aber auch über so viel Schreien *nach* Gewalt – und vor allem über die Hoffnung, daß es da einen Gott der Vergeltung, der Rache und der Vernichtung gibt.

Wer von der harmonischen, überaffirmativen und katechismusartigen Sprache christlicher Gebetsliteratur herkommt, wird von der emotionalen, konkreten und kämpferischen Sprache der meisten Psalmen überrascht, vielleicht irritiert und abgestoßen werden. Zwar ist der Psalter durchtränkt von den großen theologischen Traditionen und Themen der Tora und der Prophetie – man kann ihn sogar die betende Aneignung von Tora und Prophetie nennen. Aber wie unfromm geschieht dies doch. Diese Meditation findet weder im mystischen Halbdunkel einer gotischen Kathedrale noch im wohlgeordneten Psalmengesang monastischer Oasen noch im stillen Seelenkämmerlein statt, sondern *inmitten* einer als häufig feindlich empfundenen Welt, *inmitten* von Feinden, gegen die sich die Beter wehren – nicht zuletzt, indem sie auf Gott als ihren Schutz- und Kampfgenossen setzen.

Norbert Lohfink hat es auf den Punkt gebracht: „Der Beter und seine Feinde – das ist einfach das dominante Thema des Psalters."[2] Kein anderes Wortfeld im Psalter ist derart plastisch und facettenreich wie das der Feindschilderung. Othmar Keel listet in seiner Monographie „Feinde und Gottesleugner. Studien zum Image der Widersacher in den Individualpsalmen" 94(!) Feindbezeichnungen auf.[3] Nicht minder variationsreich sind die Metaphern und Vergleiche, mit denen Gottes Zorngericht über die Feinde der Beter und über die Israel befeindenden Völker („Heiden") beschworen wird. Und wenn man in einer synchron arbeitenden Analyse das Psalmenbuch als einen narrativen Lebens- und Weltentwurf zu begreifen versucht, ergibt sich die Geschichte einer dramatischen Auseinandersetzung zwischen Gerechten und Frevlern bzw. zwischen ohnmächtigen Armen und übermächtigen Reichen, aber auch zwischen dem Gottesvolk Israel und den (götzendienerischen) Völkern der Erde. Daß diese Auseinandersetzung letztlich durch den „Gott der Rache", der auf der Seite der Gerechten, der Armen, Israels kämpft, entschieden wird, ist der basso ostinato, der (mal piano, mal fortissimo) die einzelnen Psalmen(lieder) zusammenbindet.

Daß in den Psalmen um Leben und Tod gekämpft wird und daß dabei nicht im zarten Moll gespielt wird, machen schon Ps 1 und Ps 2 als Doppelmotto des Psalters bewußt, wo es u. a. (in der nichtrevidierten Lutherfassung) heißt:

Aber so sind die Gottlosen nicht,
  sondern wie Spreu, die der Wind verstreut.
Darum bleiben die Gottlosen nicht im Gericht
  noch die Sünder in der Gemeinde der Gerechten.
Denn der Herr kennt den Weg der Gerechten;
  aber der Gottlosen Weg vergeht.
                          (Ps 1, 4–6)

Ich will von der Weise predigen, daß der Herr zu mir gesagt hat:
  „Du bist mein Sohn, heute habe ich dich gezeuget;
heische von mir, so will ich dir die Heiden zum Erbe geben
  und der Welt Enden zum Eigentum.
Du sollst sie mit einem eisernen Zepter zerschlagen;
  wie Töpfe sollst du sie zerschmeißen."
                          (Ps 2, 7–9)

Und ehe der Psalter mit dem großen Schlußhalleluja des 150. Psalms endet, wird in Ps 149 das „neue Lied" vom Sieg Gottes und seines Volkes mit Worten und

Motiven gesungen, die Ps 2 aufnehmen und „erfüllen":[4]

Die Heiligen sollen fröhlich sein und preisen
  und rühmen auf ihren Lagern.
Ihr Mund soll Gott erheben,
  und sie sollen scharfe Schwerter in ihren Händen haben,
daß sie Rache üben unter den Heiden,
  Strafe unter den Völkern;
ihre Könige zu binden mit Ketten
  und ihre Edlen mit eisernen Fesseln;
daß sie ihnen tun das Recht, davon geschrieben ist.
  Solche Ehre werden alle seine Heiligen haben.
                    (Ps 149, 5–9).

In der Tat: Feindseligkeit, Feindschaft, Gewalt, Vergeltung, ja auch Rache sind keine Nebenmotive im Psalter, sie gehören substantiell dazu. So verwundert es kaum, daß die Psalmen und ihr Gottesbild in der christlichen Theologie und in der Psychologie Widerspruch und Ablehnung erfahren haben, die teilweise bis zur Ablehnung des Alten Testaments, ja der Bibel überhaupt führten.

3. Einspruch und Ablehnung im Namen des Christentums

Wie komplex und tiefreichend für nicht wenige christliche Theologen das theologische Ärgernis der Psalmen ist, zeigt sich zunächst an zahlreichen Stellungnahmen aus der jüngsten Zeit.

Das hermeneutische Grundproblem bricht in aller Schärfe auf, wo die Psalmen als im vorchristlichen Judentum entstandene Texte begriffen werden und wo die Diskontinuität zwischen Judentum und Christentum stark betont wird. Dabei muß der Psalter gewissermaßen vor den Richterstuhl der neutestamentlichen Christologie und Ekklesiologie, um dort „verchristlicht" oder eben als teilweise „nicht-christlich" abgewiesen zu werden.

Daß der Psalter „verchristlicht" werden muß, um die Zulassung als christliches Gebet zu erhalten, begründet der Trierer Liturgiewissenschaftler Balthasar Fischer so:

> „Wohltuend an den Psalmen ist, daß sie so menschlich sind...
> Eine gewisse Schwierigkeit ergibt sich aus der Tatsache, daß
> diese Lieder... dem AT entstammen, also vor der Ankunft
> Christi niedergeschrieben sind und nur in ganz seltenen Fällen auf den kommenden Messias Bezug nehmen. Wie können
> sie da christliches Gebet werden, bei dem doch Christus die
> Mitte ist, sei es, daß wir zu ihm beten, sei es, daß wir seinem
> Beten uns anschließen." [5]

Die Problematik der Feind-, Rache- und Fluchpsalmen wird dann nicht mehr als *grundsätzliches* Problem der Verquickung von Religion und Gewalt reflektiert, auch nicht als Ärgernis innerhalb der jüdischen Tradition, die ja nicht *nur* vom „Gott der Rache", sondern auch vom „Gott der Vergebung und der Liebe" redet. Von den meisten Christologien her gehören diese Psalmen zu „vor-christlichen" Relikten, die „nicht-christlich" bzw. „unter-christlich", d. h. eben typisch alttestamentlich-jüdisch sind – und eine Religiosität widerspiegeln, die Christen *als* Christen überwinden und hinter sich lassen müssen. Daß hier die im 2. Jahrhundert von dem als Häretiker abgelehnten Bischofssohn Markion propagierte These von dem gegenüber dem Gott des Judentums (bzw. des AT) ganz anderen Gott Jesu Christi durchschlägt, ist für mich offenkundig.

Diese Feststellung macht die Problematik aber keineswegs einfacher. Denn es sind gerade nicht wenige christliche Alttestamentler, die die problematischen

Psalmenpassagen als „unter-christlich" bzw. typisch alttestamentlich qualifizieren, wie die nachstehende (eher zufällige) Auswahl belegt.

In einem Beitrag mit dem Titel „Heute christlich Psalmen beten" führt der Mainzer Alttestamentler Alfred Mertens sehr sensibel zum Psalmengebet hin und stellt schließlich doch fest:

> „Letzten Endes werden sich christliche Beter freilich bewußthalten, daß sie sich beim Beten auf einem vor- und unterchristlichen Ethos bewegen, auf einer Ebene, die durch die Bergpredigt weit überschritten ist."[6]

Aus den exegetischen Kommentaren wähle ich die Psalmenkommentare von Bernhard Duhm („Kritischer Hand-Commentar zum Alten Testament", Freiburg 1899) und Arthur Weiser („Altes Testament Deutsch", Göttingen 1950.[10]1973) aus, weil sich in ihnen das christliche Vorurteil fast wie ein roter Faden durchzieht.

So heißt es bei B. Duhm:

> „Nimmt die schlichte Wahrheit des Gedichts uns für sich ein, so bleibt dem christlichen Empfinden die Bezugnahme auf die Feinde befremdlich" (S. 22: zu Ps 6).
>
> „... und der christlichen Welt- und Lebensauffassung dürfte seine naive Freude... nicht ganz genügen" (S. 46: zu Ps 16).
>
> „Seine Vorstellungen von den Leiden, von der Sünde, vom Glück sind unterchristlich" (S. 95: zu Ps 32).
>
> „Auch die ‚Tiefe' des Sündenbewußtseins ist nicht eigentlich von christlicher Art" (S. 148: zu Ps 51).
>
> „Die Verwünschungen dieses Ps.s sind in besonders hohem Masse ‚unchristlich', trotzdem ist er für messianisch gehalten worden (schon Act 1, 16–20)" (S. 254: zu Ps 109).

Im Psalmenkommentar von A. Weiser kann man lesen:

„... so darf man doch nicht übersehen, daß gerade diese me-
chanische äußere Auffassung vom Walten der Gerechtigkeit
Gottes eine starke Schranke bildet, die es verhindert, zur
Liebe als dem tiefsten Beweggrund des Ethos vorzudringen
und denjenigen als Nächsten zu erkennen, welcher auch immer der Hilfe bedarf. Darum kommt der Psalm an dieser
Stelle nicht über die Schranke hinaus, die im Neuen Testament überwunden ist" (S. 114 f.: zu Ps 15).

„... Daß der Psalmist seinen Gegnern zu vergelten hofft,
was sie ihm angetan, ist aus seiner Empörung und Enttäu-
schung zwar verständlich, zeigt aber deutlich die allzu-
menschliche Schranke alttestamentlichen Denkens an dieser
Stelle, die unter dem Gericht des Neuen Testaments steht"
(S. 233: zu Ps 41).

„Der Psalm hat deutlich erkennbare Schranken. An der
subjektiven Aufrichtigkeit seines Verfassers wird man nicht
zweifeln dürfen, und auch sein Vertrauen in die göttliche
Treue und Hilfe... entbehrt nicht der Kraft. Doch ist der
Beter nicht fähig und bereit, sich ganz seinem Gott im Vertrauen hinzugeben und sein Leiden aus seiner Hand zu
nehmen und mit Geduld zu tragen. Menschlicher Eigen-
wille und seine niedrigen Instinkte der Rachsucht und Schadenfreude behalten die Macht über seine Gedanken und
ziehen auch seine Auffassung von Gott und sein Verhältnis
zu ihm mit herein... Darum wirkt dieses Gebet auch nicht
befreiend, denn es führt nicht weiter zu letzten Tiefen. Es
steht in dieser Hinsicht unter dem Gericht des Neuen Testaments" (S. 282: zu Ps 54).

„... zeigt andererseits der Schluß des Psalms, der von der
Wirkung des Gerichts auf die Gerechten redet, die unverhoh-
lene Schadenfreude und grausame Rachsucht eines unduldsa-
men religiösen Fanatismus (vgl. Ps 68,24), eine jener
gefährlichen Giftblüten, die auch am Baum der religiösen Erkenntnis zu wachsen pflegen und die Schranken der alttestamentlichen Religion deutlich erkennbar machen" (S. 292: zu
Ps 58).

„Das Lied... ist ein starker Begleiter, dessen Kühnheit und
ungebrochener Mut zu Gott schon manchem aus allerlei An-
fechtungen geholfen hat. Freilich gehört für das christliche
Gottvertrauen noch die Bereitschaft dazu, sich in Gottes Willen zu geben, auch dann, wenn er es anders über uns beschlos-

sen hat, als wir im wagenden Glauben es uns ausdenken mögen" (S. 419: zu Ps 91).

„Weil sie Gottes Feinde sind, darum sind sie auch die Seinigen. Doch darf man bei allem Verständnis für solche Motive des Hasses, die nicht aus der Niederung allzu menschlicher Gefühle stammen, nicht übersehen, daß hier der Dichter tatsächlich an den Schranken der alttestamentlichen Tradition stehen bleibt" (S. 558: zu Ps 140).

Daß bei derlei Etikettierungen der irritierenden Psalmen bzw. Psalmverse die jahrhundertelange christliche Tradition, wonach das Neue Testament per se und immer schon die privilegierte Instanz ist, die das inferiore Alte Testament in die Schranken weist (vgl. die Stereotype bei A. Weiser), der unhinterfragte Ausgangspunkt aller Wertungen ist, ist unbestreitbar.

Von diesem Ausgangspunkt her stellt sich unversehens die Frage ein, ob diese Psalmen überhaupt als christliche Gebete geeignet sind, oder zumindest, ob sie nicht christlich überarbeitet und umgeschrieben werden müßten. Das ist die Position, die der Passauer Neutestamentler und ehemalige Direktor des Katholischen Bibelwerks Otto Knoch vertreten hat.

„Kann der Christ als Glied des neuen Gottesvolks genauso wie der Jude als Glied des alten alle Psalmen beten, oder erfordert die neue Heilsebene und die Hinordnung der Christen auf Jesus Christus, den auferstandenen Herrn der Kirche und der Menschheit, eine Veränderung der Psalmentexte und des Vollzugs des Psalmengebets?...

Durch Jesus von Nazareth, den Christus, hat sich Gott endgültig offenbart und die Welt mit sich versöhnt (vgl. 2 Kor 5, 11–19). Als Glied des Leibes Christi, der durch die Taufe in eine neue Lebensbeziehung zu Christus und damit zu Gott eingetreten ist, betet der Christ...

So betet der Christ ebenso wie die Kirche ,in, mit und durch Jesus Christus' zu Gott, dem Vater. Von seiner Botschaft und Lehre her sind deshalb die Gebete des Alten Testaments zu läutern und aufzuschließen...

… bedarf es der Sichtung und der vertieften Deutung der altbundlichen Psalmen auf Jesus Christus, die Kirche und das Reich Gottes hin. Das ist der Grund, weshalb die katholische Kirche sowohl im Meßbuch wie auch im Stundengebet sowohl die Psalmen und Psalmenabschnitte, die nach Rache und Vergeltung rufen, wie auch jene, die deutlich alttestamentlich-jüdische Auffassungen vertreten, ausgeschieden hat, außerdem durch entsprechende Leitverse und Orationen alle Psalmenabschnitte und Psalmen in den Zusammenhang der christlichen Heilsgeschichte und des kirchlichen Betens eingeordnet hat."[7]

Es ist unübersehbar: Diesen Positionen geht es einerseits um die „Rettung" der biblischen Psalmen für das Christentum. Sie wollen die globale Häresie Markions vermeiden – und vertreten sie doch partiell. Die irritierende Fremdheit der Psalmen wird deren „unterchristlichem" jüdischem Ursprung zugewiesen, damit die Neuheit und Überlegenheit des Christentums um so evidenter aufstrahlt. Die Rachepsalmen werden so zur Kontrastfolie des neuen Evangeliums. An ihnen wird offenbar, warum Christus kommen mußte.

Mit aller Konsequenz und Schärfe wird das bei jenen Autoren sichtbar, die diese Psalmen als Symptome und Elemente der alttestamentlichen Religion als einer im Verhältnis zum Christentum zutiefst „fremden" Religion betrachten. Dabei sind in unserem Zusammenhang weniger jene Stimmen wichtig, die in der Wiederholung Markions das Alte Testament aus dem christlichen Kanon ausscheiden wollen. Das theologische Problem der „Gewaltpsalmen" schlägt dort voll durch, wo die (angebliche oder wirkliche) Fremdheit dieser Psalmen mit ihrer kanonischen, biblischen Qualität versöhnt werden soll, indem dieser Fremdheit eine positive Funktion zuerkannt wird. Meist geschieht dies mit einer dialektischen Grundfigur, die in unterschiedlichen Varianten auftritt.

Bei der Diskussion über die Reform des kirchlichen Stundengebetes sagte 1962 in der Zentralkommission des Zweiten Vatikanums der Benediktiner-Abtprimas Benno Gut, der 1969 Präfekt der neuen Sacra Congregatio pro Cultu Divino wurde, zur Frage, ob die sog. Fluchpsalmen beibehalten oder gestrichen werden sollten:

> „Trotz so gewichtiger Gegenvoten sei mir erlaubt, die Fluchpsalmen zu verteidigen, damit uns gerade an ihnen immer mehr bewußt wird und daß wir darüber Gott dankbar sind, wie wunderbar doch die Fortentwicklung der göttlichen Offenbarung war." [8]

Ähnlich hatte schon 1940 der Trierer Alttestamentler Heinrich Junker die heilspädagogische Rolle der Fluchpsalmen beschrieben:

> „Zum Schluß sei noch eine kurze Antwort versucht auf die Frage: Wie können wir denn heute noch jene Psalmen wirklich als Gebete sprechen, wenn wir uns ihren eigentlichen Sinn nicht mehr in allen Stücken zu eigen machen können? Bei dieser Antwort lasse ich übertragene Deutungen des Textes beiseite und setze einen Beter voraus, der z. B. diese Psalmen... in ihrem ursprünglich gemeinten Sinn versteht. Wenn er auf solche Stellen stößt, die er nach der christlichen Moral sich nicht zu eigen machen kann, so wird er aus seinem christlichen Gewissen heraus die neutestamentliche Korrektur dieser unvollkommenen atl. Denkweise in sein Bewußtsein treten lassen. Und zwar wird ein reifer und erleuchteter Beter solche Korrektur ohne jede Überheblichkeit und ohne unehrerbietige Kritik an den atl. Gebeten vollziehen. Denn er ist sich bewußt, daß nicht er selbst als Mensch auf einem höheren sittlichen Standpunkt steht als der atl. Beter – ehrliche Selbsterkenntnis sagt ihm, daß auch er, einer ernsten Probe ausgesetzt, noch jederzeit der Gefahr erliegen könne, Rachegebete zu sprechen – sondern daß er dem atl. Beter nur voraus hat, daß ihm ein höheres Ideal gezeigt und ein erhabeneres Gebot gegeben ist." [9]

Geradezu zum dialektischen Prinzip der lutherischen Dogmatik wurde die „Fremdheit" des Alten Testaments im Gegenüber zur Botschaft der (rechtfertigenden) Gnade des Neuen Testaments bei einer ganzen Reihe einflußreicher Autoren von Emanuel Hirsch (1888–1972) über Friedrich Baumgärtel (1888–1981) bis zu Franz Hesse (emeritierter Münsteraner Alttestamentler). Ihnen gemeinsam ist das Festhalten am kanonisierten Alten Testament und dessen Heilsbedeutung auch für Christen – freilich e contrario, d. h. im Alten Testament begegnen die Christen dem „alten" Menschen, der auch in ihnen selbst steckt, solange und wenn sie nicht der Botschaft Christi glauben. Auch die meisten Psalmen, insbesondere jene, die voller Selbstgewißheit den Gott des Gerichts über die Feinde herabrufen, sind Zeugnis jener „Fremdreligion", von der Jesus uns befreien will.

Daß der bei Wittenberge geborene Pastorensohn Emanuel Hirsch, der u. a. bei dem „Markioniten" Adolph von Harnack studiert hatte und der als Göttinger Professor auch wissenschaftspolitisch großen Einfluß ausübte, sich schließlich 1933 sogar der Glaubensbewegung „Deutsche Christen" anschloß und sich aktiv an der Diskriminierung der Juden beteiligte, dispensiert uns nicht davon, die ernsten Fragen zu hören, die Hirsch am Anfang seiner theologischen Laufbahn gerade über die christliche Relevanz der Psalmen stellte. Zu seiner These, daß das Alte Testament „für uns durch den Glauben an Jesus aufgehoben und zerbrochen ist"[10], wurde E. Hirsch vermutlich auch durch seine theologisch und politisch motivierte Judenfeindschaft angeregt, aber auch durch ein Erlebnis gerade mit den Psalmen, über das er selbst berichtet:

„... Ich habe seltener aus dem Alten Testament gepredigt, als es viele unsrer Geistlichen damals taten. An den großen Wendetagen, wenn es zu lehren galt, wie Gottes Walten in der Völkergeschichte von einem sich ihm übergebenden Glaubensgehorsam tapfer empfangen werden kann, war es doch auch mir das Natürliche. Ich griff solche Stellen, an denen das christlich wahr Bleibende des alttestamentlichen Glaubens an Gott als den Herrn der Geschichte sich für mich ausdrückte, und suchte sie gegenwärtig zu machen. Das ging ohne innere Schwierigkeiten: das Entscheidende war die Wahl der Stelle und die rechte Begrenzung des Predigtziels.

Am Ende hätte mir über der Leichtigkeit dieses Weges dauernd verborgen bleiben können, wie schwer doch für den Prediger und Seelsorger der rechte christliche Brauch des Alten Testaments sich stellen kann: die allein in langjähriger Erfahrung sich erschließende Berufsnot konnte mir ja bei meiner Wahl der wissenschaftlichen Laufbahn nicht gegenwärtig werden. Da war eine andre schwere Erfahrung für mich gut. Ich las in meiner Predigerzeit damals an Krankenbetten häufig aus dem Psalter vor (etwa aus der Meinung heraus, die Luthers berühmte und mir von je sehr liebe Vorrede zum Psalter ausspricht). So auch eines Tages vor einer ziemlich armen und tief verzagten Frau auf einem der Dörfer, einer Mutter, deren Sohn im Felde war, den 91. Psalm. Selten habe ich eine so tiefe Andacht, eine so selige Getrostheit über einen Menschen sich breiten sehn wie damals. Als ich nach einigen Tagen noch einmal kam, war die Frau eben wieder auf, wollte aber gern eins gelesen haben. Ich begann einen anderen Psalm, sie verlangte den alten. Aus dem Gespräch über das Warum ergab sich die für mich furchtbare Entdeckung, woher jene Andacht und Getrostheit gekommen war. ,Ob tausend fallen zu deiner Seite und zehntausend zu deiner Rechten, so wird es doch dich nicht treffen' – sie hatte das als persönliches Orakel genommen, daß Gott ihren Sohn lebendig zurückbringen würde; sie sollte anders als die vielen rings in Dorf und Stadt, die ihren Mann oder Sohn verloren hatten und noch verlieren würden, den Sohn behalten. Ich versuchte, so schonend wie ich es vermochte, ihr dazu zu helfen, daß sie verstand: das sei kein christliches Gottvertrauen. Sie wurde ganz zur feindlichen Abwehr, und der seelsorgerliche Zugang zu ihrem Herzen ist mir für immer verschlossen geblieben. Als ich, schwer betroffen darüber, einem Menschen zum Irrglauben verholfen zu haben und es nicht gutmachen zu dürfen, nach Hause ging, schoß es mir durch den Kopf: die Frau hat ja gewissermaßen ganz recht, sie glaubt genau so wie der Psalm, den du gelesen hast. Seitdem mied ich diesen Psalm in christlicher Seelsorge und Unterweisung. Aber ich wurde überhaupt sehr zurückhaltend mit dem Gebrauch des alttestamentlichen Psalters an Krankenbetten und im Unterricht. Ich las lieber etwas aus dem Neuen Testament und aus unserm deutschen evangelischen Psalter, dem Gesangbuch. Denn nun fingen, langsam aber mit seltsamer Gewalt, zunächst Psalmen und später auch andre alttestamentliche Stücke an, ihr christentumsfremdes, alttestamentlich-jüdisches Gesicht gegen mich herauszukehren."[11]

Bei diesem Schlüsselerlebnis im badischen Schopfheim kam gewiß ein ganzes Bündel von Hirschs unaufgearbeiteten Problemen zusammen, so vor allem auch Hirschs Meinung, der Erste Weltkrieg sei verloren gegangen wegen des Mangels an nationalem Opferwillen (diesen Mangel erkannte er in der kranken Frau wieder – und als typische Haltung der deutschen Juden!), aber seine Frage, *wie* bestimmte Passagen der Psalmen als authentische Gebete des Glaubens zu verstehen und zu beten seien, macht abermals die Komplexität des Problems bewußt, das freilich nach einer anderen Lösung verlangt als jener, die E. Hirsch gab und die Friedrich Baumgärtel und dessen Schüler Franz Hesse aufgriffen und verteidigten.

Besonders F. Baumgärtel hat Hirschs These, wonach die christliche Bedeutung des jüdischen Alten Testaments darin besteht, uns das Widerspiel aufzudekken, das in uns gegen das Evangelium streite und insbesondere den „alttestamentlichen Frommen in uns" zu entlarven, der der „Hinaufhebung... in das Christliche" bedarf[12], verschärft:

„Wir haben als Christen den Weg herrlich frei zur Gemeinschaft mit unserem Gott und sind doch gebunden, genau wie
der alttestamentliche Fromme auch... So stehen wir als Christen mitten im Alten Testament und streben, wie das Alte Testament und mit dem Alten Testament, hin auf das Neue
Testament." [13]

Die heilspädagogische Funktion des Alten Testaments
und auch der Psalmen besteht also darin, daß sie uns
das Unheil vor Augen führen und die Sehnsucht in uns
wecken nach dem Heil, das uns *allein* aus dem Hören
auf das Neue Testament zukommt. In den Psalmen
können wir lernen, wie Gott *nicht* ist. Das hat F. Baumgärtel mit besonderem Nachdruck auch über die sog.
messianischen Psalmen gesagt, deren gewalttätiger König (vgl. Ps 2, 9; 110, 5–7) eben gerade nicht der wahre
Messias ist, den uns Gott in Jesus Christus gezeigt und
geschickt hat:

„Diese messianischen Psalmen reden letzten Endes vom Erlö-
ser-König, der da kommt und dessen *doxa* im gegenwärtigen
König bereits verborgen ist. In seinem schließlichen Kommen
wird das real werden, was die Dichter dem empirischen König
hinansagen als sein Amt: die Heraufführung der politischen
und der sozialen Integration. Diese Erlöserlieder gehen aber
vorbei an dem Erlöser, den die christliche Gemeinde sieht und
bekennt. Dessen *doxa* ist die Vollmacht zur Sündenvergebung
und sein in Tod und Auferstehung vollzogenes Heilswerk an
der verlorenen Menschheit." [14]

Baumgärtel verschärft sogar noch: Weil Jesus das Gegenteil der Hoffnungen war, die die messianischen
Psalmen weckten, „mußte er dafür sterben"! Von den
falschen Hoffnungen dieser Psalmen, die in uns als
„alttestamentlichen" Menschen immer wieder aufsteigen, will Jesus uns befreien. Um *diese* seine Sendung zu
begreifen, brauchen wir die Konfrontation mit der ver-
führerischen Fata Morgana dieser Psalmen:

„Die theologische Deutung dieser Psalmen ist nur möglich *e contrario*, als Kontrastparallele zur neutestamentlichen Botschaft. In der Verkündigung des Evangeliums tut diese Kontrastparallele einen großen Dienst: Sie ist ein Warnungssignal für den Christen, den Glauben nicht zu verkoppeln mit der Sehnsucht nach völkisch-politischer Integration und nach der Integration der sozialen Gemeinschaft."[15]

Weniger dogmatisch, aber letztlich noch ernster sind die Einsprüche gegen die Feindpsalmen, die aus pastoralen Erfahrungen und Erwägungen kommen. Auch wenn man die Klagen mancher Seelsorger, diese feind- und gewaltbesetzten Psalmen seien gerade heutigen Menschen in ihrer Sensibilität gegenüber religiös eingefärbter Gewalt schlechterdings nicht mehr zumutbar, teilweise als die Probleme dieser Seelsorger selbst diagnostizieren muß, zeigen sie eine weitere Dimension der Problematik dieser Psalmen an. Daß die fundamentalistische Naivität weithin verschwunden ist, mit der früher jeder liturgische Text weil „heilig" oder weil „Wort Gottes" mehr oder weniger gedankenlos hingenommen wurde, ist grundsätzlich gut – und fordert eben zur Auseinandersetzung mit den als schwierig empfundenen Texten heraus. Daß und warum „pastorale Verträglichkeit" kein exklusives Kriterium sein kann, werden wir im nächsten Kapitel (II.4) kurz erörtern. Pastorale Überlegungen einfach beiseite zu schieben, geht nicht an.

In dem unter dem Thema „Wie Psalmen heute beten?" stehenden Heft von „Bibel und Kirche" (1980) berichtet <u>Gemma Hinricher, die Priorin des Dachauer Karmels</u>, über die Erfahrungen mit dem Psalmengebet u. a. folgendes:

„Schon 1965 erhielten wir die Erlaubnis, das Offizium in der Muttersprache zu beten. Das muttersprachliche Beten, das gerade im Hinblick auf die Touristen notwendig und gefordert war, brachte aber zugleich auch wegen der sogenannten Fluch- bzw. Vergeltungspsalmen und Fluchstellen in verschiedenen Psalmen für unser Chorgebet große Probleme mit sich. Wir waren bald versucht, zum Latein zurückzukehren; denn so sehr auch die Muttersprache uns den Reichtum der Psalmen nahebrachte, so sehr hatte doch das Latein die Schwächen des Psalmengebetes verdeckt. In der unmittelbaren *Nähe des KZ* sahen wir uns außerstande, Psalmen, die vom strafenden, zürnenden Gott, von der Vernichtung der Feinde in oft grausamen Bildern sprachen, die Vernichtungs- und Vergeltungswünsche zum Inhalt hatten, vor Menschen auszusprechen, die aufgewühlt und innerlich erschüttert vom Lagerbesuch in unsere Kirche kamen. Es ist ja oft so, daß diese Menschen nicht nur bewegt sind von der Grausamkeit und Brutalität, die ihnen in der Dokumentation des KZ-Museums und im Erleben der KZ-Stätte selbst begegnen, sondern auch von eigenen Gefühlen des Hasses und der Rache ob des grauenvollen Geschehens an dieser Stätte. Unsere Kirche ist der einzig ruhende Pol des Lagergeländes. Durch den nördlichen Wachturm treten die Touristen nach der Besichtigung des Lagers in den Vorhof von Kirche und Kloster. Viele halten inne und suchen in unserer Kirche zur Ruhe zu kommen. Es ist wohl verständlich, daß in solches Innehalten hinein weder Fluchpsalmen noch -verse, weder Vernichtungs- noch Vergeltungswünsche gesprochen werden können.

Unser Beten soll so sein, daß es Menschen anregen kann zu Versöhnung, zu Vergebung, zu Liebe. Es soll so sein, daß Nähe Gottes erfahrbar wird. ,Wo zwei oder drei in meinem Namen versammelt sind, da bin ich mitten unter ihnen' (Mt 18,20). Im gemeinsamen Beten und Singen wird Jesus Christus als gegenwärtig erfahren, Er als der Liebende, dessen versöhnende und vergebende Liebe den Haß überwand.

So war es uns klar, daß für uns hier alle bibeltheologischen, literarischen und hermeneutischen Reserven bei der Streichung von Fluchpsalmen und Fluchstellen fallen mußten. Für uns steht hier an erster Stelle der pastorale Dienst an den Menschen, die diese Stätte und unsere Kirche besuchen. Offizium ist Dienst, freilich zunächst Gottesdienst, aber gleichzeitig auch Dienst am Menschen, und diesen Dienst in seiner Ganzheit zu vollziehen ist die Aufgabe einer das Stundengebet verrichtenden Gemeinschaft."[16]

Auch noch einen anderen Problempunkt spricht die Priorin an, der zu bedenken ist:

„Es ist etwas anderes, das Stundengebet privat für sich zu beten oder es in Gemeinschaft zu beten. Für das gemeinsame Gebet gibt es gewisse Kriterien, die einfach erfüllt sein müsen. Gebetstexte, die gemeinsam gebetet werden, müssen auch gemeinsam vollziehbar sein. Ein laut vorgetragenes Gebet hat eigene Gesetze. Es gibt gewisse Grenzen des Nachvollzugs von Texten, deren Inhalt bei gemeinsamem Beten ganz anders spürbar und erfahrbar ist als bei der privaten Rezitation. Fluchpsalmen und Fluchstellen können bei privatem Gebet ‚untergehen‘, überlesen werden. Man läßt sich von einer Antiphon durchtragen und kann das bibeltheologische Verständnis eines Psalmes anders mit dem persönlichen Beten in Einklang bringen, als das beim gemeinsamen Vollzug der Psalmen möglich ist. Es ist zu vermuten, daß manche Verteidiger der Fluchpsalmen und Fluchstellen das Stundengebet nicht gemeinsam verrichten, zumindest nicht in der Muttersprache. Vergeltungs- und Vernichtungswünsche und ähnliche Aussagen sind für den laut vorgetragenen Psalmenvortrag, für das gemeinsame Beten der Psalmen nicht tragbar. Es ist auch bei bibeltheologischer Kenntnis nicht möglich, die anstößigen Verse immer in den richtigen bibeltheologischen Raster fallen zu lassen. Jedenfalls bringen die Fluchtexte und Vernichtungswünsche bei gemeinsamem Gebet auch besondere psychologische Schwierigkeiten mit sich.“ [17]

4. Widerspruch im Namen einer humanen Ethik

Den vielleicht bislang massivsten Widerspruch gegen die Psalmen hat 1992 der Freiburger Psychologe und Kliniker Franz Buggle in seinem Buch „Denn sie wissen nicht, was sie glauben. Oder warum man redlicherweise nicht mehr Christ sein kann. Eine Streitschrift“ erhoben. Für seine These, daß die ganze Bibel, also sowohl das Alte Testament wie auch das Neue Testament, in seinen wesentlichen Teilen ein zutiefst gewalttätig-in-

humanes Buch und deshalb als Grundlage einer heute
verantwortbaren Ethik abzulehnen, ja zu bekämpfen
sei, bezieht er zahlreiche Beobachtungen und Argumente auch aus dem Psalmenbuch. Gegen die verbreitete Hochschätzung der Psalmen stellt er unmißverständlich fest:

> „Wie die Psalmen wirklich sind: ein in weiten Teilen und in
> einem selten sonst so zu findenden Ausmaß von primitiv-un-
> kontrollierten Haßgefühlen, Rachebedürfnissen und Selbst-
> gerechtigkeit bestimmter Text... Allen scheinbaren ‚Selbst-
> verständlichkeiten‘ zum Trotz, die dem zu widersprechen
> scheinen, muß ich gestehen, daß ich seit langem keinen so
> durch exzessiv-ungezügelten Haß und Vergeltungssucht ge-
> prägten Text gelesen habe." [18]

Wer die Psalmen unbefangen lese, wer weder die darin
zum Ausdruck kommenden gewalttätigen, zerstörerischen und irrationalen Gottesbilder theologisch ver-
bräme noch die Ausbrüche des rachsüchtigen Hasses
und die Arroganz der egozentrischen Selbstgerechtig-
keit der Psalmenbeter durch „weihevolle" Verehrung
verniedliche, könne über die hier theologisch legiti-
mierte sowie kirchenamtlich verbreitete Feindseligkeit
und Verherrlichung von Gewalt nur zutiefst erschrok-
ken sein. Deshalb lautet seine Schlußfolgerung:

> „Sollte nicht allmählich auch dem letzten klarwerden, daß die
> wirklich gewichtigen Einwände gegen die Bibel nicht so sehr
> anthropologischer Art sind? Daß Gott die Welt nicht in sie-
> ben Tagen erschaffen hat, oder ob die Sonne stillstand oder
> nicht, stellen kaum die heutigen Probleme mit der Bibel dar –
> hier wird häufig gegen Ersatzargumente, ‚Pappkameraden‘,
> gekämpft –, sondern daß das ethisch moralische Niveau des
> biblischen Gottes, der ja die Verkörperung des höchsten Got-
> tes sein sollte, in vielen seiner Aussagen sich als so archaisch
> inhuman erweist, daß es jedem heute lebenden Menschen
> nicht schwerfallen dürfte, eine Menge ihm bekannter *Men-
> schen* zu benennen, deren, bei allen klargewordenen Schwä-

chen und Mängeln, ethisch-moralisches Niveau das des biblischen Gottes bei weitem übersteigen dürfte: *das* ist doch der wesentliche Einwand, der sich ja bekanntlich nicht nur aus der Bibel speist, die hier die partiell grausame, inhumane Realität zu einem großen Teil *richtig spiegelt,* wenn auch *inhuman-archaisch interpretiert* (Leiden und Übel als Strafen Gottes usw.), sondern genauso aus dem Faktum der unendlich realen Leiden der Kreatur angesichts der Behauptung, es existiere ein zugleich allmächtiger, allwissender und die unendliche Liebe selbst verkörpernder, gütiger Gott: Das alte Problem der Theodizee, von den Kirchen oder sonstigen theistischen Apologeten bis heute eher verdrängt als gelöst."[19]

Da die Psalmen in der Liturgie und insbesondere im Stundengebet kontinuierliche Verwendung finden, könne sich dieses destruktive und ethisch perverse Gottesbild ungehindert auswirken. Die ethische Deformierung durch das gewaltbesessene und Gewalt propagierende Psalmenbuch sei vor allem deshalb so gefährlich, weil der Psalter nicht nur innerkirchlich in höchstem Ansehen stehe, sondern „auch in Kreisen, die sich eher liberal-aufgeklärt sehen, gilt der Psalter als einer der weitgehend unbezweifelten Pluspunkte biblisch-christlicher Religiosität."[20]

II

Ungangbare Lösungswege

Zwar sind bei der Beschreibung der theologischen, psychologischen und pastoralen Problematik der „Gewaltpsalmen" schon hie und da verschiedene Wege angesprochen worden, auf denen die Probleme „gelöst" werden sollten, doch sollen diese Wege nun detaillierter skizziert und beurteilt werden. Die Diskussion dient zugleich der Sammlung von Ansätzen und Anregungen, die wir dann für unseren Lösungsvorschlag aufgreifen und fruchtbar machen wollen.

1. Ignorieren oder Korrigieren

Die einfachste Methode, mit dem Ärgernis von ärgerlichen Psalmen fertig zu werden, ist es natürlich, diese Psalmen zu ignorieren oder zu korrigieren, indem man sie einfach aus dem christlichen „Gebetsschatz" ausschließt oder sie zumindest so zurechtstutzt, daß sie mit der christlichen „Stimmungslage" zusammenklingen. Das war ja der Hauptgrund für die Verbannung der drei Psalmen 58 83 109 aus dem kirchlichen Stundengebet und für die Streichung von Einzelversen in zahlreichen Psalmen.

Die Beseitigung von Textelementen aus einem Text ist auch sonst eine „beliebte" Weise des Umgangs der nachkonziliaren Liturgie mit Texten des Ersten Testaments. Schon in der Perikopenauswahl für die Eucharistiefeier werden oft nur Textverschnitte geboten. Die

Abschnitte / Ausschnitte sind fast nie so bemessen, daß der jeweilige Textzusammenhang in seiner Eigenaussage zur Sprache kommen kann. Die Abgrenzung folgt meist rigoros der vorgegebenen Intention, die ersttestamentliche Lesung müsse möglichst stimmig und konsequent das neutestamentliche Evangelium vorbereiten. Alle diesbezüglich querlaufenden und störenden Linien werden deshalb beseitigt.

Die liturgische Schere traf vor allem allzu „jüdisch" klingende, d. h. mit der Geschichte Israels unverwechselbar verbundene Passagen (vgl. z. B. die Reduktion der vielschichtigen Erzählung 2 Kön 5, 1–27 über die Heilung des aussätzigen aramäischen Generals Naaman durch den Propheten Elischa auf die beinahe unverständliche Episode 2 Kön 5, 14–17: Lesejahr C, 28. Sonntag im Jahreskreis; oder: Streichung der nur auf das „jüdische" Israel hin lesbaren Verheißungen Ez 34, 13–14 in der für das Christkönigsfest Lesejahr A zusammengeschnittenen Lesung Ez 34, 11–12.15–17).

Die Schere wurde manchmal so angesetzt, daß theologische Spitzenaussagen aus den Texten herausgeschnitten wurden. Dies ist der Fall, wenn beispielsweise für den 5. Sonntag im Jahreskreis (Lesejahr A) als Lesung der Abschnitt Jes 58, 6a.7–10 vorgesehen ist, wobei die wichtige ethische Botschaft von Jes 58, 6b („Das ist ein Fasten, wie ich es liebe: die Fesseln des Unrechts zu lösen, die Stricke des Jochs zu entfernen, die Versklavten freizulassen, jedes Joch zu zerbrechen!") einfach unter den Tisch fällt – symptomatisch für den schwierigen Umgang der Kirche mit der konkreten Freiheit?

Die theologisch destruktive Schere setzt auch dort an, wo die Liturgiegestalter die Christen offensichtlich vor dem „unzumutbaren" Gottesbild des Alten Testaments bewahren wollen. So streichen sie für die Lesung

44

am 24. Sonntag im Jahreskreis (Lesejahr C) aus dem Textzusammenhang Ex 32,7–14 innerhalb der Fürbitte des Mose ausgerechnet die Bitte Ex 32,12, die in literarischer Hinsicht das Zentrum des Textes und in theologischer Hinsicht die Konfrontation Gottes mit dem drohenden göttlichen *Selbstwiderspruch* ist, der dann einträte, wenn der Exodusgott sich seinem sündigen Volk gegenüber als ein Gott der zerstörerischen Rache erweisen würde. Keine Frage: Mit dieser pseudo-theologisch motivierten Domestizierung des Ringens des Mose mit Gott wird nicht nur der biblische Text „gräßlich verstümmelt"[1], sondern zugleich die biblische Gotteswahrheit von dem „gewalttätigen" Gott, der zum Gewaltverzicht *umkehrt* (vgl. das theologische Programm des Jonabuchs!) verkürzt und verdrängt.

Letzteres gilt ebenso für die Textzerstückelung, die uns zum Fest des dreieinigen Gottes (Lesejahr A) präsentiert wird. Die Auswahl von Ex 34,4b-6.8–9 als Lesung ist in vielfacher Hinsicht inakzeptabel: (1) Sie setzt mitten in einem Erzählzusammenhang ein, ohne daß dieser auch nur ansatzhaft vermittelt wird. (2) Mit der Weglassung von V.7 soll offenkundig der als negativ empfundene Aspekt des Richter-Gottes vermieden werden. Gewiß ist die in V.7 thematisierte Frage des generationenübergreifenden Schuldzusammenhangs keine leichte Kost für zwischendurch, aber ihr darf man nicht ausweichen – und man braucht ihr nicht auszuweichen, wenn man sie in der Dialektik von Ex 34,6–7 (der Gott des Gerichts ist zuallererst der Gott der unendlichen Güte und Treue) bedenkt. Falls die von A. Schenker vorgeschlagene und begründete Übersetzung / Deutung von Ex 34,7 akzeptiert wird, wonach es hier gar nicht um die „Vergeltung" von Sünden der Väter an den Söhnen geht, sondern um die Langmut Gottes, der vier Generationen lang die Schuldverstrickung mitansieht, ehe er strafend eingreift[2], ist der Text ohnedies weniger hart als in den meisten Bibelübersetzungen. (3) Besonders schlimm ist, daß die Lesung schon mit V.9 schließt und so die Bitte des Mose um Sündenvergebung unbeantwortet läßt, obwohl die Bundeszusage Gottes in Ex 34,10 doch diese Antwort ist. Gerade dies ist die Textpointe: Der „alttestamentliche" Straf- und Rachegott will die Umkehr (sie beginnt mit der Erkenntnis der Schuld: vgl. Ex 34,9) und erweist sich in der Vergebung als Gott der Güte und der Treue (als Gott, der seinen Bund immer wieder neu macht!).

Was die „Liturgiereformer" mit ihren gewaltsamen Textamputationen (teilweise nach dem Motto: „Mit Gewalt gegen Gewalt!") bei den Lesungen gemacht haben, haben sie auch bei den Psalmen im Stundengebet und bei den sog. Antwortpsalmen in der Eucharistiefeier („Antwort" auf die Lesungen) praktiziert. Daß sie dies nicht leichtfertig machten, sondern daß sie es „gut gemeint" haben, will ich nicht bestreiten. Über dieses Verfahren war ohnedies während des Zweiten Vatikanischen Konzils selbst und bei der Nacharbeit auf den unterschiedlichen römischen Ebenen so ausführlich diskutiert worden, daß eine leichte Entscheidung gar nicht mehr möglich war. Dennoch ist die jetzt getroffene Entscheidung, die als problematisch empfundenen Verse zu streichen, m. E. die schlechteste Entscheidung gewesen – weil sie vielfach *die Form und die Gesamtaussage* der Psalmen zerstört.

Natürlich ist es beispielsweise bei der Inszenierung eines Bühnenstücks nicht a priori ausgeschlossen, daß der Text verändert oder gekürzt wird. Aber dies geschieht, wenn überhaupt, aus künstlerischen Gründen und unter Beachtung dramaturgischer und poetischer Gesichtspunkte. Bisweilen kommt eine solche Bearbeitung fast einer Neuschöpfung gleich; aber diese wird dann ausdrücklich als solche ausgewiesen und dient der künstlerischen und politischen Auseinandersetzung mit dem Werk. Daß man bei der Rezitation von Kurztexten, also z. B. von Gedichten oder Kurzgeschichten, ebenso verfahren könnte, ist wenig wahrscheinlich. Zumindest kann man aus einem vierzehnzeiligen Sonett nicht einfach eine Zeile herausstreichen, ohne das Sonett als solches zu zerstören. Und wenn in einem lyrischen Gedicht durch Streichung einer Zeile die spannungsreiche Bildkomposition aufgelöst wird, oder wenn in einem sozialkritischen Gedicht Bert Brechts die politische Zensur die Pointe wegstreicht, dann ist dies kein Akt der Kunst, sondern künstlerische Barbarei. Und genau *dies* ist bei den meisten Streichungen von Psalmversen im Stundengebet und bei den Antwortpsalmen der Fall. Hier gibt es nur die Alternative: Entweder die Psalmen werden unzensiert im Volltext „rezitiert" – oder sie werden nicht ins „Programm" aufgenommen. Tertium non datur!

2. Die Diskussion beim Zweiten Vatikanischen Konzil

In der Konzilsaula und bei den Kommissionssitzungen vor, während und nach dem Konzil wurden *gegen* die sog. Fluch- und Rachepsalmen bzw. -verse vor allem vier Argumentationsfiguren vorgetragen:

(1) Psalmen, welche dem Liebesgebot des Evangeliums weniger oder überhaupt nicht entsprächen, sollten wegfallen oder zumindest nur noch ganz selten gebetet werden. Das war schon die Forderung, die Kardinal Arcadio M. Larraona als Präsident der vorbereitenden liturgischen Kommission erhoben hatte:

„Bei der Verwendung des Psalters (im kirchlichen Stundengebet) werden folgende Änderungen gewünscht:... daß einige
Psalmen, die dem Geist der Liebe des Evangeliums weniger
gut zu entsprechen scheinen, wegfallen oder seltener gebetet
werden."[3]

Schon bei der ersten Behandlung der Problematik in
der Zentralkommission wurden durch Kardinal Ernesto Ruffini ausdrücklich die Psalmen 55 58 83 109 129
137 und 140 zur Streichung vorgeschlagen[4]; diese Psalmen bildeten dann den unhinterfragten Kern, an dem
sich die Psalmengegner immer wieder festbissen.
Zu diesen gehörte schon in der Zentralkommission
auch Kardinal Giovanni Montini, der spätere Papst
Paul VI.

(2) Psalmen, welche die Frömmigkeit und die innere
Harmonie nicht fördern, sollten nicht berücksichtigt
werden (schriftliches Votum des Erzbischofs Dome-
nico Capozi[5]).

(3) Die Fluchpsalmen seien Ausdruck und Niederschlag jener noch unvollkommenen Phase der Offen-
barungsgeschichte, die auf Jesus Christus hinzielte und
in ihm aufgehoben und vollendet sei. Wie so vieles andere im Alten Testament durch das Neue Testament
überholt sei (z. B. die ganze Kultgesetzgebung), so
eben auch diese Psalmen, von denen man sich ohnehin
nicht vorstellen könne, daß Jesus sie gebetet habe. Der
neue Bund brauche neue Lieder und Gebete. Bei einigen Diskussionsteilnehmern klang auch der Vorbehalt
an, manche dieser Psalmen seien zu stark mit der Geschichte Israels verknüpft, die nicht *unsere* Geschichte
sei. Von diesem heilsgeschichtlichen Evolutionismus
her plädierten beim Konzil eine ganze Reihe von Dis-
kussionsvoten dafür, prinzipiell nur einen Teil der alttestamentlichen Psalmen auszuwählen und das Stundengebet dadurch stärker zu einem *christlichen* Gebet

zu machen, so daß mehr als bisher neutestamentliche Texte und insbesondere Texte der christlichen Hymnendichtung zu Wort kämen.

(4) Manche Voten argumentierten pastoral und psychologisch. Psalmen, die zu stark jüdisch wirkten, oder solche, die nur schwer verständlich seien, oder solche, die spontan eher Abwehr und Ablehnung provozierten, seien vor allem dann und dort auszuschließen, wenn und wo das Stundengebet in der Muttersprache rezitiert würde und wenn keine Vertrautheit mit der Bibel und ihrer Sprache gegeben sei. Aus dem Munde von Kardinal Ernesto Ruffini klang diese Argumentationsfigur so:

„Die Psalmen kann man nicht hoch genug preisen. Der heilige Athanasius stellt das Buch der Psalmen über alle übrigen Bücher der Heiligen Schrift, weil es wie ein Garten in sich enthält, was in allen übrigen Büchern vorkommt! Der heilige Thomas sagt, in den Psalmen sei der ganze Inhalt der Theologie zusammengefaßt. Sogar Luther rief aus: ‚Der Heilige Geist scheint in das Psalmenbuch alles wie in ein Kompendium hineingepreßt zu haben, damit die, die nicht genügend Zeit haben, um die ganze Heilige Schrift zu lesen, dennoch nicht auf die Frucht der Heiligen Schrift verzichten müssen.‘ Und doch bin ich der Meinung, daß bei der Rezitation des Stundengebets, besonders wenn es in der Muttersprache geschieht und zumindest wenn es durch Ordensleute [die nicht Priester sind] und durch Laien geschieht, einige Psalmen unbedingt weggelassen werden müssen: nämlich die Fluchpsalmen. Es gibt doch niemand, der nicht sähe, wie die Gemüter aufgewühlt und erschreckt werden könnten durch die Verse 23–29 des 69. Psalms, in denen der Psalmist die Züchtigung der Feinde mit diesen Worten fordert: ‚Ihr Tisch werde ihnen selbst zur Falle und ihren Freunden zum Fallstrick. Ihre Augen sollen geblendet werden, daß sie nicht mehr sehen, und ihre Hüften lähme für immer…‘ Zwar hat der hl. Thomas in seiner überragenden Weisheit und Scharfsinnigkeit die Flüche der Psalmen bestens ausgelegt und verständlich gemacht… Nichtsdestoweniger würden viele, die nicht hinreichend bibelwissenschaftlich gebildet sind, leicht und schnell durch derartige Verwünschungen gegenüber dem Nächsten verletzt werden..."[6]

Die Mehrheit der Stellungnahmen plädierte gegen Streichungen und Auslassungen von Psalmen(teilen) im Stundengebet. Doch versäumten es diese Gegner der kirchlichen Psalmenzensur, eine tiefergehende hermeneutische und bibeltheologische Reflexion in Gang zu setzen. Sie argumentierten weithin (beinahe fundamentalistisch) mit der Autorität der zweitausendjährigen Tradition und mit der Autorität der Heiligen Schrift als „Wort Gottes", wozu gerade die Psalmen gehörten. So faßte beispielsweise Bischof Albert Martin als Berichterstatter jener liturgischen Unterkommission, die zwischen der ersten Konzilssession 1962 und der zweiten Konzilsperiode 1963 das „Stundengebetskapitel" entsprechend dem Diskussionsverlauf von 1962 bearbeiten mußte, diesen Verlauf bei der Präsentation des überarbeiteten Textes folgendermaßen zusammen:

„Einige [Konzils]Väter haben gewünscht, daß aus dem Brevier jene Psalmen ausgeschlossen werden, die Verfluchungen und Rache zum Ausdruck bringen, aber auch jene Psalmen, die die Offenbarung über ‚die letzten Dinge' [= das Leben nach dem Tode] nur unvollkommen darbieten, ferner jene Psalmen, die die Geschichte [scil. Israels] bezeugen oder schließlich jene Psalmen, die die Frömmigkeit weniger fördern. Diese Meinungen haben andere Väter, denen sich unsere Kommission angeschlossen hat, allerdings zurückgewiesen: der *ganze* Psalter gehört zum Schatz der Heiligen Schriften, und wir glauben, daß er auch in jenen Teilen inspiriert ist, die von uns jetzt wegen der Begrenztheit und Schwachheit unseres Geistes nicht voll verstanden werden. In einer beliebig vorgenommenen Psalmenauswahl würden wir vielleicht sogar einer rationalistischen Versuchung nachgeben; außerdem könnte dies bei unseren getrennten Brüdern

Verwunderung hervorrufen. ‚*Alles,* was geschrieben ist, ist zu unserer Belehrung geschrieben' (Röm 15,4). Andernfalls müßten auch jene Teile der Heiligen Liturgie, die aus dem Neuen Testament genommen sind, aber ebensolches sagen (oder gar zitieren), ausgemerzt werden."[7]

Mit ähnlichen, wenngleich markigeren Worten skizzierte 1968 Aimé Georges Martimort die Stimmung der Mehrheitsfraktion in der liturgischen Kommission, die die vom Konzil angestoßene Reform des Stundengebets konkretisieren mußte:

„Wenn man sagt, solche Psalmen seien für diese oder jene (gottesdienstliche) Versammlung ungeeignet oder die Ausdrucksformen weiterhin nicht mehr angebracht, folgt daraus, wie ein Mönch von San Anselmo schlußfolgerte, daß alle Psalmen dem modernen Denken in keiner Weise entsprechen. Dann aber herrscht der Subjektivismus, und es besteht auch für die übrigen Texte der heiligen Schrift und des Evangeliums keine Sicherheit mehr. Mögliche Lösungen sind dann: die Zusammenstellung einer Auswahl von Psalmversen, die Niederschrift eines neuen Psalteriums, Hymnen als Ersatz für die Psalmen wie bei den Syrern. Doch das wäre ein Rückschritt für das seit 25 Jahren blühende biblische Denken, und nach kurzer Zeit würden die neuen Erzeugnisse Überdruß bereiten."[8]

Die Verteidiger des integralen Psalters als Element des kirchlichen Stundengebets wußten im übrigen auch die lehramtliche öffentliche Meinung, die sich 1967 in der Bischofssynode ausdrücklich artikuliert hatte, auf ihrer Seite. Eine der vier Fragen, die der Synode am 26. Oktober 1967 „gestellt wurde(n), lautete, ob sie damit einverstanden seien, daß alle Psalmen, einschließlich der Fluch- und der Geschichtspsalmen, im normalen Ablauf des auf vier Wochen verteilten Psalters erhalten bleiben sollen. Antwort: 117 ja, 25 nein, 31 ‚iuxta modum'. Die ‚modi' baten darum, die drei eigentlichen

Fluchpsalmen nicht in den normalen Zyklus, sondern in Horen, die nicht für alle verpflichtend sind, aufzunehmen; oder auch: Sie sollen von denen verrichtet werden, die sich in der Heiligen Schrift gut auskennen, so daß sie sie mit wahrem Verständnis und geistlichem Nutzen beten können."[9]

Die Mehrheit der Konzilsväter, die überwältigende Mehrheit der Bischofssynode von 1967 und die Mehrheit der die Brevierreform ausführenden liturgischen Kommission wollte also am *ganzen* Psalter festhalten (aus welchen Motiven im einzelnen auch immer). Dennoch hat sich Paul VI. gegen dieses breite Votum und gegen die Integrität des Psalters ausgesprochen. Er hat als Papst seine Meinung durchgesetzt, die er schon als Kardinal bei der vorbereitenden Konzilsdiskussion unmißverständlich vertreten hatte.

3. Die römische Entscheidung von 1971

Auf die Intervention des Papstes selbst[10] geht die Entscheidung zurück, die in der 1971 publizierten „Allgemeinen Einführung in das Stundengebet" in Art. 131 feststellt:

> „Die drei Psalmen 58 83 und 109, in denen der Fluchcharakter überwiegt, sind in das Psalterium des Stundengebetes nicht aufgenommen. Ebenso sind einzelne derartige Verse anderer Psalmen ausgelassen, was am Beginn jeweils vermerkt ist. Diese Textauslassungen erfolgten wegen gewisser psychologischer Schwierigkeiten, obwohl Fluchpsalmen sogar in der Frömmigkeitswelt des Neuen Testaments vorkommen (z. B. Offb 6,10) und in keiner Weise zum Verfluchen verleiten wollen."

Der in diesem Artikel erläuterten kirchlichen „Zensur" fielen folgende Psalmverse zum Opfer: 5, 11; 21, 9–13;

28,4–5; 31,18 f; 35,3a.4–8.24–26; 40,15–16; 54,7; 55,16; 56,8; 59,6–9.12–16; 63,10–12; 69,23–29; 79,6–7.12; 110,6; 137,7–9; 139,19–22; 140,10–12; 141,10; 143,12.

Der in der „Allgemeinen Einführung in das Stundengebet" mit diesen Streichungen in Gang gesetzte Versuch, ein möglichst „gewaltfreies", die Emotionalität nicht aufweckendes, sondern eher besänftigendes kirchliches Psalmengebet zu schaffen, war offensichtlich auch die Leitidee bei der Auswahl der „Antwortpsalmen" im Meßbuch.[11] Die Intention, nur „schöne" und leicht „zustimmungsfähige" Psalmen bzw. Psalmteile in die Liturgie aufzunehmen, ist hier konsequent durchgeführt. Blickt man auf die für die Sonntage vorgesehenen Psalmen bzw. Psalmenabschnitte, so sind drei Gesichtspunkte unübersehbar:

(1) Etwa die Hälfte aller Psalmen des Psalmenbuchs hat nicht die „Ehre", als Antwortpsalm dienen zu dürfen.

(2) Keine oder nur spärliche Berücksichtigung haben die Klagepsalmen mit ihren Feind- und Gewaltmotiven, aber auch mit ihrem Gotteszweifel gefunden, wohingegen affirmative Psalmen, in denen das Gotteslob oder das Gottvertrauen emphatisch zum Ausdruck kommen, gleich mehrfach vorgeschlagen werden. Spitzenreiter ist der siebenmal ausgewählte Psalm 23. An zweiter Stelle rangieren mit jeweils fünf Nominierungen die Psalmen 33 34 96 104.

(3) Der vollständige Wortlaut ist nur für die Psalmen 15 23 117 121 122 123 126 128 130 131 138 vorgesehen. Alle übrigen ausgewählten Psalmen sollen nur in Ausschnitten rezitiert werden, wobei „konsequenterweise" die als störend empfundenen Elemente weggeschnitten werden. Das geht manchmal so weit, daß der übrig bleibende Textverschnitt eine gegenüber dem bi-

blischen Volltext geradezu abweichende Gebetsdynamik erhält.

Daß nach den Worten der „Allgemeinen Einführung" diese Textzerstückelungen „wegen gewisser psychologischer Schwierigkeiten" vorgenommen wurden, mag auf den ersten Blick sogar auf Verständnis stoßen. Beim zweiten Blick in das römische Dokument fällt freilich auf, daß dieser Umgang mit den Psalmen nicht zuletzt deshalb möglich war, weil er auf einer *theologischen* Wertung der Psalmen als Teil des Alten Testaments aufruht, die höchst problematisch und m. E. nicht mehr akzeptabel ist, wenngleich sie von den Gegnern der Fluchpsalmen beim Konzil mehrfach vorgetragen worden war. Die theologische Wertung der Psalmen in der „Allgemeinen Einführung" läßt sich in drei Thesen zusammenfassen:

(1) Insofern die Psalmen Texte des Alten Testaments sind, partizipieren sie eben an dessen prinzipieller Unvollkommenheit, die mit seiner vor-christlichen Herkunft gegeben ist:

> „... sind die Psalmen erst ein Schatten jener Fülle der Zeit, die in Christus, dem Herrn, angebrochen ist und aus der das Gebet der Kirche seine Kraft gewinnt. Trotz einmütiger Hochschätzung der Psalmen bei allen Christen ist es darum nicht verwunderlich, daß, wenn Christen sich bemühen, sich diese ehrwürdigen Lieder im Gebet zu eigen zu machen, manchmal Schwierigkeiten entstehen" (Art. 101).

(2) Wie die anderen alttestamentlichen Texte sind auch die Psalmen offenbarungstheologisch kein Eigenwort mit Eigenwert, sondern finden ihren Sinn nur von Jesus Christus her und müssen nicht nur von ihm her gelesen und gebetet, sondern auch relativiert werden.

> „Wer die Psalmen im Namen der Kirche betet, muß auf ihren Vollsinn achten, vor allem auf den messianischen Sinn, um

dessentwillen die Kirche das ganze Psalmenbuch übernommen hat. Dieser messianische Sinn tritt im Neuen Testament offen zutage und wird von Christus selbst bestätigt, wenn er zu den Aposteln sagt: ,Alles muß erfüllt werden, was im Gesetz des Mose, in den Propheten und in den Psalmen über mich geschrieben steht' (Lk 24, 44)" (Art. 109).

(3) Da die Psalmen ihrem Wortsinn nach nicht-christlich sind, müssen sie für das Stundengebet dadurch verchristlicht werden, daß sie in unmißverständlich christliche Texte eingebunden werden:

> „Die Tradition der lateinischen Kirche kennt drei Hilfsmittel, um die Psalmen zu verstehen und sie zu christlichen Gebeten zu machen: die Überschriften, die Psalmorationen und vor allem die Antiphonen" (Art. 110).

Daß die hierbei vorausgesetzte Bestimmung des Verhältnisses der beiden Testamente in der einen christlichen Bibel keinesfalls dem Selbstverständnis dieser beiden Teile selbst entspricht und daß insbesondere die messianische Engführung sogar der neutestamentlichen Psalmenrezeption widerspricht, braucht hier nicht weiter entfaltet zu werden, da dies andernorts schon mehrfach geschehen ist.[12] Besonders beklagenswert ist aber, daß diese Art von kirchlichem Psalmenumgang völlig außer acht läßt, daß die Psalmen authentisches jüdisches Gebet sind – und daß deshalb, gerade im Horizont der vom Zweiten Vatikanum initiierten neuen christlichen Sicht des Judentums, hier eine jüdisch-christliche Problematik höchsten Ranges vorliegt. Das römische Dokument sagt dazu, wenn ich recht sehe, überhaupt nichts!

4. Keine überzeugenden Argumente

Daß und inwiefern die für die kirchliche „Psalmenzensur" vorgebrachten Gründe wenig hilfreich und überzeugend sind, können folgende vier Erwägungen erhärten:

(1) Wer die alttestamentlichen Rache- und Feindpsalmen im Namen des Christentums als der gegenüber dem Judentum höheren und ethischeren Religion und insbesondere mit dem Hinweis auf die „neue" Liebes- und Friedensethik Jesu abweist[13] oder überarbeiten will, muß zunächst einmal einen doppelten bibelwissenschaftlichen Befund zur Kenntnis nehmen.

Einerseits stehen diese Texte nicht erst in Spannung mit neutestamentlichen Texten, sondern schon mit Texten innerhalb der jüdischen Bibel / dem Ersten Testament selbst. Das Gebot der Feindesliebe steht an zentraler Stelle in der Tora (Lev 19, 17–18) – und ist insgesamt keineswegs peripher, wie Ex 23, 4–5; Dtn 22, 1–4; Spr 25, 21 und Sir 28, 1–7 zeigen; die Feindesliebe ist in Lev 19 auch nicht innerjüdisch begrenzt, wie man immer wieder lesen kann, da das Gebot der Fremdenliebe in Lev 19, 33 f ja gerade eine „Fortschreibung" von Lev 19, 17–18 sein will. Der Abschnitt aus Sir ist eine geradezu leidenschaftliche Paränese gegen Rache und für aktive Versöhnungsbereitschaft. Daß dabei in Sir 28, 77 auf Lev 19, 17–18 angespielt wird, macht nochmals deutlich, daß das Gebot der Feindesliebe im Frühjudentum eine wichtige Rolle spielte:

Wer sich rächt, an dem rächt sich der Herr,
dessen Sünden behält er im Gedächtnis.
Vergib deinem Nächsten das Unrecht,
dann werden dir, wenn du betest,
auch deine Sünden vergeben.
Der Mensch verharrt im Zorn gegen den anderen,

vom Herrn aber sucht er Heilung zu erlangen?
Mit seinesgleichen hat er kein Erbarmen,
aber wegen seiner eigenen Sünden bittet er um Gnade.
Obwohl er nur ein Wesen aus Fleisch ist,
verharrt er im Groll,
wer wird da seine Sünden vergeben?
Denk an das Ende, laß ab von der Feindschaft,
denk an Untergang und Tod,
und bleib den Geboten treu!
Denk an die Gebote, und grolle dem Nächsten nicht,
denk an den Bund des Höchsten,
und verzeih die Schuld!

(Sir 28,1–7)

Wer den Ohnmachtsschrei des 137. Psalms *gegen* Babel (vgl. dazu III.5) als *typisch* alttestamentlich-jüdisch verwirft, sollte wissen, daß beispielsweise der Prophet Jeremia in seinem Brief an die (im Jahr 597 v. Chr.) Deportierten diese auffordert, *für* Babel zu beten (vgl. Jer 29,7). Und daß das Theologumenon für Zorn- und Strafgericht Gottes über Israel, über die Feinde Israels und über die sündige Menschheit insgesamt auch inneralttestamentlich problematisiert und so vor fundamentalistischen Mißverständnissen geschützt wird, läßt sich u. a. an Jes 54,6–10; Hos 11,1–11; Neh 9,6–37 (Israel), am Jonabuch (die „Todfeinde" Israels) und an den biblischen Sintflutgeschichten (die Menschheit bzw. alles Lebendige: vgl. Gen 8,21–22; 9,8–17) ablesen. Gewalt und Rache werden nicht erst im Zweiten Testament, sondern auch und längst davor im Ersten Testament bekämpft. Die urgeschichtliche Erzählung vom Brudermord Kains an Abel deckt die Gewalt als die Ursünde („Erbsünde") schlechthin auf (vgl. Gen 4,6–8.10–12) – und wehrt zugleich die Rache gegen den Gewalttäter Kain ab (vgl. Gen 4,15 f). Der Protest gegen alle Formen von Gewalt in Politik und Gesellschaft zieht sich als roter Faden durch die Worte aller Propheten Israels. Die prophetische Gewaltkritik ist freilich nur die eine Seite der Medaille, deren andere ihre Friedensutopien sind, mit denen sie zur aktiven „Entfeindung" der Gesellschaft und der Politik inspirieren und motivieren wollen (vgl. die bekannten Texte Jes 2, 1–5 = Mi 4, 1–5; Jes 11, 1–10; aber auch Gen 1, 29–30). So gewiß der Gott des Ersten Testaments als „Gott der Rache" verkündet wird (zum tieferen Verständnis vgl. die Überlegungen unten in IV), so steht spannungsreich daneben eine Aussagelinie, die ihn als „Gott der Vergebung" verkündet, der seine Rache *nicht* vollstreckt (das ist z. B. das Thema des Buches Jona):

Suchet IHN,
da er sich finden läßt!
Rufet ihn an,
da er nah ist!
Der Frevler verlasse seinen Weg,
der Mann des Args seine Planungen,
er kehre um zu IHM,
und er wird sich sein erbarmen,
zu unserem Gott,
denn groß ist er im Verzeihn.
Denn:
„Nicht sind meine Planungen
eure Planungen,
nicht eure Wege
meine Wege."
ist SEIN Erlauten.
Denn:
„Hoch der Himmel über der Erde,
so hoch
meine Wege über euren Wegen,
mein Planen über eurem Planen."

(Jes 55, 6–9; Übersetzung M. Buber)

Daß die simple Aufteilung AT = Gewalt, NT = Gewaltlosigkeit nicht stimmt, zeigt andererseits das Neue

Testament selbst, das sowohl alttestamentliche Gewalttexte „positiv" aufgreift (vgl. nur die Aufnahme von
Dtn 32, 35 f in Lk 21, 20–24; Röm 12, 19 f; Hebr 10, 30 f
oder die Zitation des gewalttätigen messianischen
Psalms 2 in Offb 2, 26 f; 12, 5; 19, 15) und weiterentfal-
tet, als auch in zahlreichen Passagen, insbesondere im
Kontext eschatologischer Aussagen, das AT mit Aussagen über den gewalttätigen Gott der Rache sogar über-
bietet. Das hat schon Markion gesehen, als er bei
seinem Bemühen um eine gewaltfreie christliche Bibel
nicht nur das Alte Testament verwarf, sondern auch
das Neue Testament eigenmächtig zusammengestri-
chen hat (es blieben nur noch ein „gereinigtes" Lukas-
evangelium und 10 ebenfalls „bereinigte" Paulusbriefe
übrig). Das ist auch die wichtige Erkenntnis des Bibel-
und Kirchenkritikers Franz Buggle, der wir uns ernst-
haft stellen müssen, auch wenn wir andere Konsequenzen ziehen werden (und manches im Detail anders
sehen) als er:

> „Gibt es nicht doch fundamentale Unterschiede zwischen Al-
> tem und Neuem Testament, was den Umgang mit normab-
> weichendem Verhalten, mit Frevlern, Sündern usw. an-
> geht?...
> Wendet man sich zunächst den synoptischen, und das heißt
> nach fast allgemeiner Übereinstimmung der Bibelwissen-
> schaft noch am ehesten authentischen Evangelien nach Mar-
> kus, Lukas und Matthäus zu, so stößt der unbefangene Leser
> auch hier auf den schon oben besprochenen Sachverhalt, daß
> die geschilderten ethisch und human positiv zu beurteilenden
> ‚sympathischen' Züge Jesu – die Heilung von Kranken (denen
> allerdings genauso häufig Dämonenaustreibungen gegen-
> überstehen...), die Auferweckung eines Toten, Sündenverge-
> bung, die Zuwendung zu Zöllnern und Sündern, die
> Wendung gegen eine formalistisch-starre Handhabung des
> Sabbatgebotes, die Aufforderung zu einer Haltung des Die-
> nens und nicht des Herrschens und generell zur Gottes- und
> Nächstenliebe, zum Verzicht auf Gegengewalt bis zur Fein-

desliebe – eingebettet und eng verbunden sind mit einem offenbar durchgehend für die Bibel charakteristischen Hang zu exzessiv-gewalttätigen Strafphantasien und -drohungen (es fällt schwer, nicht an die wesentlichsten Strafen des unter der geistigen Herrschaft der Kirche stehenden christlichen Mittelalters zu denken: Ersäufen, Verbrennen...). Jesus-Worte: ‚Wer einen von diesen Kleinen, die an mich glauben, zum Bösen verführt, für den wäre es besser, wenn er mit einem Mühlstein um den Hals im tiefen Meer versenkt würde. Wehe der Welt mit ihrer Verführung! Es muß zwar Verführung geben; doch wehe dem Menschen, der sie verschuldet‘ (Mt 18; 6,7 entspr. Mk 9; 42 u. Lk. 17;2).

Nach dieser Strafphantasie und -drohung, deren Qualität eigentlich nicht weiter erörtert werden muß, fährt der Text unmittelbar fort: ‚Wenn dich deine Hand zum Bösen verführt, dann hau' sie ab; es ist besser für dich, verstümmelt in das Leben zu gelangen, als mit zwei Händen in *die Hölle zu kommen, in das nie erlöschende Feuer.* Und wenn dich dein Auge zum Bösen verführt, dann reiß' es aus; es ist besser für dich, einäugig in das Reich Gottes zu kommen, als mit zwei Augen *in die Hölle geworfen zu werden, wo ihr Wurm nicht stirbt und das Feuer nicht erlischt*' (Mk 9;43–48 u. entspr. Mt. 5; 29,30; all dies im Rahmen der Bergpredigt!).

Jesus führt so eine für das Neue Testament spezifische Strafvorstellung ein, nämlich von der ewigen Höllenstrafe, eine Strafandrohung, deren *unheilvolle, psychisch verheerende Wirkung in der Geschichte des Christentums auf unzählige Menschen gar nicht übertrieben werden kann.* Man versuche, sich von aller Gewöhnung durch religiöse Erziehung einmal frei und sich hier klarzumachen, was eine Drohung mit *ewig dauernden extremen Qualen* psychologisch bedeuten muß; dagegen verblassen alle sonst bekannten Folterungen und Strafen, weil diese immerhin zeitlich endlich sind. Bei aller Anerkennung der positiven Züge Jesu (und bei aller Schonung der Gefühle von Gläubigen): Kann ein ethischer und religiöser Lehrer, der solche Strafandrohungen wie selbstverständlich heranzieht und mit ihnen umgeht, der solche Strafphantasien offenbar unproblematisch akzeptiert oder entwickelt, kann ein solcher Mann heute noch als Verkörperung des absolut Guten, der absoluten Liebe, als Gott verkündet werden?

Ich möchte, generell in diesem Buch, mit starken Worten sparsam umgehen, aber es gibt kaum ein anderes pychologisches Phänomen wie dasjenige der Drohung mit *ewig dauernden extremen Qualen*, das so sehr den Namen psychischen Terrors verdiente! Hier liegt, vielleicht neben der Kreuzeslehre, der eigentliche, m. E. unheilbare Skandal gerade des Neuen Testaments und damit aller sich auf das Neue Testament berufenden christlichen Kirchen und Konfessionen. In diesem Punkt fällt das Neue Testament, was archaisch-inhumane Grausamkeit angeht, noch hinter das Alte Testament zurück."[14]

Diese Polemik Buggles macht sichtbar: Mit Streichungen nur im AT oder an einzelnen Psalmen ist das Problem des biblischen „Rachegottes" nicht zu lösen. Auf diese Idee kann nur kommen, wer das Neue Testament nicht kennt oder eben mit zweierlei Maß mißt.

Der allzu laut und situationslos-fundamentalistisch vorgetragene Rekurs auf das Ethos der Bergpredigt und des absoluten Gewaltverzichts als der Instanz, durch die die alttestamentlichen Fluch- und Rachepsalmen endgültig verurteilt seien, ist ohnedies höchst problematisch und ambivalent. „Die kategorische Forderung der Friedlichkeit wird immer gern von denen bejaht und unterstrichen, denen es gut geht; und unversehens wird die Norm der Friedlichkeit zu einer Waffe gegen diejenigen, die ihre Stimmen erheben müssen, wenn sie zu ihrem Recht kommen wollen. Begünstigt aber werden alle die, die nicht nur vom Leiden verschont, sondern auch zum Mit-Leiden nicht fähig oder nicht willens sind. So kommt es zur Herrschaft der Indolenz; die wirklichen Leiden und Ängste kommen nicht mehr zur Sprache."[15]

Die stereotype Problematisierung bzw. Zurückweisung der „Fluchtexte" und der Schreie nach dem „Gott der Gewalt" im Namen des Ethos Jesu bzw. der „christlichen" Ethik läuft Gefahr, antijüdische Klischees zu reproduzieren und zu verfestigen. Die hochmütige „christliche" Verurteilung der jüdischen Psalmen sollte überdies darüber nachdenken, wieso die christliche Praxis, auch gegenüber den Juden, so wenig von der „christlichen" Friedens- und Liebesethik geprägt war und immer noch ist. Daß die Diskussion beim Konzil um die „Fluchpsalmen" kein Wort verloren hat über die auch spezifisch christlich motivierte Versuchung zur Gewalt und über die beinahe strukturelle Unfähigkeit der institutionellen Kirche, ihre eigenen Konflikte nach dem meist den anderen lautstark abverlangten „Friedensethos" zu lösen, ist m. E. nicht unsymptomatisch.

(2) Das Argument, diese Psalmen störten mit ihrer ungezügelten Leidenschaft die Gebetsfrömmigkeit und stünden im Widerspruch zur Haltung der demütig ergebenen Christusnachfolge, scheint sich durchaus theologisch legitimieren zu können, wie beispielsweise eine diesbezügliche Stellungnahme des evangelischen Alttestamentlers Johannes Fichtner belegt:

„Die Klagelieder des Psalters sind voll davon, daß Gott das irdische Geschick des Volkes oder des einzelnen Frommen wenden möge. Unglück und Leid bedeuten Trennung von Gott und Folge von Schuld, Vergebung aber ist notwendig verbunden mit der Erhaltung des Lebens und der Wiederherstellung des Glückes…

Jesus kündet wohl den Seinen, daß der Vater im Himmel sie versorgen wird (Mt 6, 25 ff.) und daß ihnen, wenn sie nach dem Reiche Gottes trachten, ‚solches alles zufallen wird' (6, 38). Dem in seinem Namen Bittenden verheißt er, daß ihn Gott erhören werde (7, 7–11), und ermuntert seine Jünger, Gott im Gebet um Hilfe und Rettung zu bedrängen (Lk. 11, 5 ff.; 18, 1–7). Aber der Herr läßt die Seinen darüber nicht im Zweifel, daß Verfolgung, Leiden und Entbehrungen notwendig zu seiner Nachfolge gehören (Mt 10, 34 ff.; Lk 9, 58), und sein Apostel bekennt, daß ‚dieser Zeit Leiden nicht wert seien der Herrlichkeit, die an uns soll geoffenbart werden'

(Röm. 8, 18). Wie können wir jene Psalmworte nachbeten, die ganz dem Irdischen verhaftet sind?"[16]

Hier muß die Rückfrage erlaubt sein: Was ist eigentlich der neutestamentliche Psalmenschrei Jesu am Kreuz „Mein Gott, warum hast du mich verlassen?" anderes als protestierender Anschrei Gottes? Und ist die Theodizeefrage denn ein bloß spekulatives Problem, oder ist sie, wenn sie *Gott selbst* entgegengeschleudert wird, nicht überhaupt erst in ihrer ganzen Radikalität zu sich selbst gekommen – und indem sie im Gebet Gott sucht, ist sie da nicht das vielleicht authentischste Gotteszeugnis? Ist die harmonisierende Gottergebenheit, die von den Gegnern der leidenschaftlichen Psalmen-Gottsuche gefordert wird, wirklich Frömmigkeit in der Nachfolge jenes biblischen Jesus, der Feuer auf die Erde zu werfen kam und nichts sehnlicher wollte, als daß es brenne? Verwechseln die Psalmenkritiker, die nur die schönen Weihnachts- und Ostermelodien oder den *geordneten* Wohlklang von Bitte und Dank ihrer Erhörungschristologie[17] für gutes christliches Beten halten, nicht den biblischen Gott mit einer „hochgestellten Persönlichkeit", die man nicht „belästigen" darf? Und verwechseln sie die Gebetssprache nicht letztlich mit Katechismussprache? Läuft diese Art von Frömmigkeit, die Sprachtabus verhängt, nicht darauf hinaus, daß Menschen in ihrem Leiden das Letzte verwehrt wird, was ihnen geblieben ist – die Gott-Suche *ohne Angst* vor Gott, inmitten der Angst vor den Feinden und vor sich selbst? Die Klageschreie und die Vernichtungswünsche der biblischen Psalmen sind vielleicht Störenfriede in der kalten Stille derer, die leidunempfindlich geworden sind und die eine unerschütterliche, geordnete Kirche wollen – darin sind sie gewiß irritierend und ärgerlich, aber darin sind sie eine Ur-Form des Gebets, das *alles* Gott in die Hände gibt, auch den Gotteszweifel und das Leiden an Gott.

(3) Die Argumentationsfigur, die ihre Kritik darauf aufbaut, daß das Alte Testament eben nur eine vorläufige, niedrigere, schattenhafte und vorbereitende Offenbarungsstufe, durch das Neue Testament „aufgehoben" und eigentlich überholt sei, und die am liebsten *nur* neutestamentliche Psalmen verwendete (falls es sie gäbe; die Psalmen in der Kindheitsgeschichte Jesu sind bestens „alttestamentlich"!), ist bibelwissenschaftlich und dogmatisch unhaltbar. Den dabei vorausgesetzten linearen Offenbarungsevolutionismus gibt es nicht; der biblische Befund ist viel komplexer, auch der innerneutestamentliche Befund. Wenn und wo im Neuen Testament Psalmen in christologischem Kontext „eingespielt" oder wörtlich zitiert werden, werden nicht die Psalmen ausgelegt, sondern Jesus Christus wird im Licht der Psalmen verkündigt. Nicht er legitimiert die Psalmen, sondern sie legitimieren ihn. Das ist übrigens auch die Meinung von Lk 24,27!

(4) Am gewichtigsten sind die pastoralen und psychologischen Bedenken gegen die Fluch- und Rachepsalmen. Auf sie werden wir unten (vgl. V) noch zurückkommen. Grundsätzlich ist auch dazu festzustellen: Eine zu stark auf pastorale „Verträglichkeit" zielende Textauswahl steht in der Gefahr, dem Anspruch des Gotteswortes auszuweichen. Wenn beispielsweise, wie im Fall der Auswahl der sonntäglichen Antwortpsalmen, die Klagepsalmen und die Klageelemente weitgehend ausgeblendet werden, ist dies eine Miß- bzw. Verachtung der theologischen Botschaft des Psalmenbuches. Wo die Bedürfnisse und die Stimmungslage zum Maßstab der Liturgie gemacht werden, verkommt diese zur Ware oder wird dann wirklich zum Opium. Die verbreitete pastorale Pose „Das können

wir unserer Gemeinde nicht zumuten!" ist erfahrungsgemäß die Parole von Kirchenleuten, die ihren Gemeinden viel zu viel zumuten – freilich nicht gerade mit anspruchsvollen Gebetstexten. Das bei der Diskussion über das christliche Psalmenbeten häufig (auch von der „Allgemeinen Einführung in das Stundengebet", Art. 105) zitierte Wort des hl. Benedikt „und so wollen wir beim Psallieren (vor Gott) stehen, daß unser Herz mit unserer Stimme im Einklang ist" (Regula monasteriorum, Kap. 19) meint ja nicht, daß wir uns Psalmen je nach Stimmungslage aussuchen, sondern daß die Psalmen in uns die rechte „Stimmung" wecken sollen, wie es auch die „Allgemeine Einführung" sagt:

> „Wer psalliert, öffnet sein Herz den Impulsen, die von den Psalmen ausgehen und die je nach deren literarischer Art – die Exegeten unterscheiden mit Recht Klage-, Vertrauens-, Danklieder und noch andere Gattungen – jeweils verschieden sind" (Art. 106).

So muß es also dabei bleiben: Streichungen oder Veränderungen dieser Psalmen, aber auch das Eindrucken schwarzer Zensurbalken in die Textausgaben (wie wir das aus der Zeitungszensur in Diktaturen kennen) kommen nicht in Frage. Einen Psalm muß man beten wie er ist – oder es eben sein lassen. Wenn man einen Text unerträglich findet, ist die schlechteste Reaktion darauf noch allemal die, so lange an ihm herumzubasteln, bis er erträglich wird. Besser ist: Man setzt sich mit ihm auseinander – oder man geht ihm aus dem Weg, muß sich dann freilich über die Gründe Rechenschaft geben.

Daß es gerade bei den Psalmen darauf ankommt, ihren Wortlaut nicht zu verändern, hat im 4. Jahrhundert Athanasius von Alexandrien in seinem Brief an Marcellinus über die Benutzung des Psalters betont und begründet:

> „Keiner suche den Psalter durch treffendere Ausdrücke weltlicher Redeweise zu verschönern oder ihn umzuarbeiten oder ganz zu verändern. Man lese und singe ihn vielmehr ganz einfach im Wortlaut. Die Männer, die ihn uns geschenkt haben, sollen nämlich ihre eigenen Worte erkennen und mit uns zusammen beten. Mehr noch, der Geist soll die Worte, die er durch jene gesprochen hat, wahrnehmen und so auch uns beistehen! Denn in dem Maße, in dem das Leben der Heiligen heiliger ist als das der übrigen Menschen, wird man auch ihre Worte für heiliger und wirksamer halten als die, die wir zusammenfügen. Denn durch eben diese Worte haben sie Gottes Wohlgefallen gefunden, haben sie, wie der Apostel sagt, ‚Königreiche bezwungen, Gerechtigkeit geübt, Verheißungen empfangen...‘ (Hebr 11, 33–35)."[18]

5. Den Feind- und Rachepsalmen interpretatorisch den Stachel ziehen?

Die Psalmen im Wortlaut beibehalten, heißt freilich noch lange nicht, ihren ärgerlichen Wortsinn beibehalten. Gerade der Blick in die patristische und mittelalterliche „Exegese" zeigt, daß und warum sie *keine* ernsthaften Probleme mit den Rachepsalmen hatte. Das mag teilweise damit zusammenhängen, daß die Kultur dieser Epochen prinzipiell einen anderen Umgang mit Gewalt und Strafe hatte. Teilweise haben sie diese Psalmen auch erschreckend „wörtlich" verstanden und mißbraucht, wenn sie sie in triumphalistischer Glaubensgewißheit gegen die wirklichen oder angeblichen Feinde der Kirche gebetet haben. So hat z. B. der eben hochgelobte Athanasius den von den Stundengebetsreformern ausgeschlossenen Ps 58 (vgl. dazu unten III.3) ohne irgendwelche dogmatische oder emotionale Hemmungen gegen die Juden gebetet, die Jesus getötet hätten. Von Ps 58 weiß er, daß die Juden „ganz und gar keinen Anspruch auf Rettung gehabt haben" und daß sie „ins ewige Feuer geworfen sind".

Daß die jüdischen Psalmen von den Kirchenvätern gerne gegen die Juden ausgelegt und verwendet wurden, ist ein dunkles Kapitel der christlichen (Un-) Frömmigkeitsgeschichte, das noch aufgearbeitet werden muß. Wenn die Rachewünsche der Psalmen auf die Juden bezogen werden, geschieht dies in der Regel so, daß diese Wünsche schon sprachlich ausdrücklich zu Weissagungen umgedeutet werden, wie z. B. die Auslegung des (ebenfalls nun vom Stundengebet ausgeschlossenen) 109. Psalms durch Augustinus[19] dokumentiert:

> „Der Prophet [d. h. der in Prophetie sprechende David] beginnt zu weissagen, was die Juden für ihre Gottlosigkeit empfangen werden, und dies sagt er in einer Weise, als wünsche er aus Rachsucht, daß es so kommen möchte; in Wirklichkeit aber sagt er nur solches voraus, was mit unfehlbarer Sicherheit so kommen muß und durch Gottes Gerechtigkeit solche treffen wird, die es verdient haben."

Daß diese Umdeutung vom Wunsch / Fluch zur Weissagung nicht so recht mit dem Wortsinn zusammenpaßt, sondern aus der Not geboren ist, dem Psalm den irritierenden Stachel zu ziehen, spürt freilich Augustinus sehr wohl, weshalb er seine Deutung weiter verteidigt:

> „Tatsächlich gibt es nur wenige, die unterscheiden können zwischen der Genugtuung, die in der Bestrafung ein Ankläger findet, der nur seine Rachgier befriedigen will, und der davon himmelweit verschiedenen Genugtuung, die ein Richter empfindet, der bei der Bestrafung der Sünden nur die Gerechtigkeit liebt. Der erstere vergilt Böses mit Bösem, der zweite aber Böses mit Gutem, denn er erteilt dem, der ungerecht ist, nur das zu, was gerecht ist; was aber gerecht ist, ist etwas Gutes.

Dieser Richter straft also nicht, weil er Freude hätte an fremdem Unglück, was so viel wäre wie Böses mit Bösem vergelten... Wenn wir also hören, wie der Prophet in seinen Worten anscheinend Böses wünscht, dann wollen wir dies so verstehen, daß er nur Zukünftiges vorhersagt."

Ähnlich werden von Augustinus auch die in Ps 41, 11 oder Ps 68, 2 (in der Vulgata ein Imperativ!) und 69, 23–30 stehenden Wünsche / Bitten gegen Feinde als Weissagungen gegen die Juden gelesen. Mehrfach (besonders ausführlich bei der Auslegung von Ps 79) macht Augustinus klar, daß die biblischen Rache- und Vernichtungswünsche gar keine solchen sein können, weil a priori auszuschließen ist, daß biblische Beter sich nach Rache sehnen, um ihren Haß zu befriedigen – wie man doch am Neuen Testament sehen könne, nämlich in Lk 18, 1–8; Offb 6, 10, und wie man aus all den Worten Jesu und der Apostel schließen müsse, mit denen zur Feindesliebe gemahnt und vor Rachsucht gewarnt werde.

Daß die Kirchenväter die Spannung zwischen den Strafwünschen der Psalmen und dem jesuanischen Liebesgebot durchaus sahen, zeigen zwei weitere Methoden, mit denen sie diesen Psalmversen den Stachel zogen: entweder deuten sie diese Wünsche / Flüche als Drohungen oder Bitten, die letztlich die Bekehrung der Feinde zum Ziel haben, oder sie allegorisieren und sehen in den Feinden das Böse, die bösen und sinnlichen Leidenschaften oder gar den / die Teufel.

Auch dafür bietet Augustinus wieder zahlreiche Beispiele. So stellt er angesichts der Bitte Ps 70, 3 „Beschämt sollen werden und erröten, die meine Seele suchen" ausdrücklich die Frage:

„Was wünschest du ihnen? Wo bleibt denn da, was du von deinem Herrn gehört hast: Liebet eure Feinde...? Siehe, du leidest Verfolgung und schmähst die, von denen sie kommt."

Und mit dem Hinweis auf Saulus, der bei seiner Verfolgung der Christen die Stimme gehört habe „Warum verfolgst du mich?" und voll Scham darüber bekehrt worden sei, beantwortet Augustinus die eingangs gestellte vorwurfsvolle Frage „Was wünschst du da eigentlich?" folgendermaßen:

> „Das ist es also, was die Martyrer ihren Feinden wünschen: Schämen sollen sie sich und erröten. Denn solange sie sich nicht schämen und erröten, verteidigen sie noch ihre bösen Taten und kommen sich noch als Helden vor, weil sie die Martyrer in ihrer Gewalt haben..."

Ähnlich kommentiert er den Schlußwunsch von Ps 104: „Doch die Sünder sollen von der Erde verschwinden und es sollen keine Frevler mehr da sein!" (104, 35) wie folgt:

> „O heilige Seele, die hier singt und seufzt! Möchte doch unsere Seele mit dieser Seele eins sein! Möchte sie mit ihr verbunden, ihr zugesellt sein, dann wird sie auch die Barmherzigkeit des (anscheinend) Wütenden sehen. Denn wer erfaßt sie außer dem, der ganz liebeerfüllt ist? Verschwinden sollen die Sünder von der Erde: zittert, weil er flucht! Und wer flucht? Ein Heiliger! Ohne Zweifel wird er erhört. Aber zu den Heiligen ist doch gesagt worden: Segnet und flucht nicht (Röm 12, 14): weshalb ruft er dann: Verschwinden sollen die Gottlosen von der Erde und die Sünder, daß sie nicht mehr sind? Was sollen sie nicht mehr sein? Sünder! Gerechtfertigt sollen sie demnach werden, dann sind sie keine Sünder mehr."

Dem irritierenden Schluß von Ps 137 zieht Augustinus den Stachel, indem er „die Tochter Babel" als die gottlose, böse Welt deutet, deren „Kinder" die kleinen bösen Gewohnheiten und Leidenschaften sind: Sie sollen am „Felsen", der Christus ist, zerschmettert werden:

> *„Selig, wer deine Kinder packt und sie am Fels zerschmettert.*
> Die Stadt Babylon nennt er unglückselig, selig aber nennt er den, der ihr den Lohn heimzahlt für das, was sie uns angetan.

Fragen wir nach diesem Lohn, dann sagt er: Selig, wer deine Kinder packt und sie an dem Felsen zerschmettert. Das ist der Lohn. Was hat uns denn dieses Babylon angetan? Das haben wir bereits in einem andern Psalm gesungen: ‚Die Worte der Ungerechten vermochten gar viel gegen uns.‘ Denn als wir auf die Welt gekommen sind, da fand uns das Babylon dieser Welt als kleine Kinder vor, und da wir noch unmündige Kinder waren, hat es uns durch eine Unmenge von Irrtümern sozusagen erstickt. Was kann ein neugeborenes Kind, das ein Bürger Jerusalems werden soll und in der Vorherbestimmung Gottes auch schon Bürger ist, aber inzwischen noch eine Zeitlang in der Gefangenschaft weilt, was kann es lieben lernen als eben das, was seine Eltern ihm einflößen? Wenn aber diese ihm Lehrmeister sind in der Habgier, im Stehlen, im Lügen, im Götzen- und Dämonendienst, in unerlaubten Beschwörungen und Zaubermitteln zur Heilung von Krankheiten, was soll dann das unmündige Kind tun? Was kann die noch so zarte Seele, die nur auf das hinschaut, was die Eltern tun, was kann sie andres als das befolgen, was sie diese tun sieht? Babylon hat uns also verfolgt, als wir noch Kinder waren, Gott aber hat uns, nachdem wir herangewachsen, seine Erkenntnis gegeben, daß wir nicht den Irrtümern unserer Eltern folgen. Bei der Behandlung des Psalms habe ich auch erwähnt, daß dies vom Propheten mit den Worten vorhergesagt wurde: ‚Zu dir werden die Völker kommen von den Enden der Erde und sagen: Wahrlich, unsere Väter haben Lüge und Eitelkeit geliebt, was ihnen nicht frommte.‘ Erwachsene sind es, die dies sagen, solche, die als Kinder seelisch geradezu den Tod in der Befolgung dieser Eitelkeiten gefunden hatten; mögen sie nun aufleben und in Gott Fortschritte machen und Babylon den Lohn heimzahlen. Was für einen Lohn sollen sie ihm zahlen? Den Lohn für das, was es uns angetan. Deshalb sollen auch seine Kinder erstickt werden, man schleudere sie an den Felsen, damit auch sie sterben. Welches sind die Kinder Babylons? Die im Entstehen begriffenen bösen Begierden. Es gibt nämlich solche, die noch zu kämpfen haben mit Begierden, die mit ihnen alt geworden sind. Wenn die Leidenschaft noch im Entstehen ist, wenn die böse Gewohnheit dich noch nicht überwältigt hat, wenn sie noch schwach ist, dann laß die böse Gewohnheit nicht über dich Herr werden; solange sie noch klein ist, zerschmettere sie. Fürchtest du aber, sie könnte selbst zerschmettert noch nicht sterben, dann zerschmettere sie am Felsen und zwar an jenem Felsen, von dem Paulus sagt: ‚Der Felsen aber war Christus.‘“

All diese Versuche, die biblischen Rache- und Fluchpsalmen als christliches Gebet zu legitimieren, wollen diese entschärfen – aber um welchen Preis? Sie streichen zwar keine Verse, aber sie streichen die Provokation, die in ihnen steckt – und bleiben muß. Es sind Psalmen, die sich an der Erfahrung von Leid und Verfolgung, Haß und Not, Lebensangst und Todverfallenheit, Gotteszweifel und Gottverlassenheit abarbeiten, wobei dies nur in irritierender Sprach- und Bildgestalt möglich ist. Wer diese „erklärt“ und auflöst, wer sie in die domestizierte Sprache des doktrinären Konsenses übersetzt, hat sie im Grunde schon verraten. Sie sind der Protest gegen die verordnete Banalität und Routine des Alltags und der Kampf um die Anerkennung des Geheimnischarakters jedes einzelnen Lebens, gerade indem dieses nicht „aufgeht“, weder in die übliche Sprache noch in das übliche Denken.

Deshalb ist Vorsicht geboten gegenüber *allen* Versuchen, die diesen Psalmen ihre Provokation austreiben wollen, sei es durch theologische Verharmlosung („der Gott der Rache ist nur die Kehrseite der Rede vom Gott der Liebe“ [20]), sei es durch religionsgeschichtliche Relativierung („im Vergleich zur Gewaltbesessenheit der assyrischen Religion ist der Hang zur Gewalt in der Religion Israels vergleichsweise gering“ [21]), sei es durch historische Erklärungsversuche („die Rede vom gewalttätigen Gott taucht nur in bestimmten Notsituationen Israels auf und motivierte nie zur Gewalt“ [22]), sei es durch sozial- und religionspsychologische Deutungen („Israels Unausgesöhntheit mit seinen kanaanäischen Wurzeln führte zu Diffamierung des Fremden; Diffamierung aber ist immer eine potentielle Quelle von Gewalt"[23]). Alle diese Versuche sehen, solange sie beschreiben, immer *einen* richtigen Aspekt, aber sie können das Ärgernis nicht beseitigen, das in diesen anklagenden, schreienden und verwünschenden Psalmen steckt. Mehr noch: Diese Psalmen müssen sogar vor diesen Erklärungsversuchen geschützt werden, weil es keine andere Form von Gebeten gibt, die ihre Funktion übernehmen können.

Und sie müssen vor allem vor gekünstelter „Verchristlichung" geschützt werden. Dies ist m. E. sogar zu dem außergewöhnlich ernsthaften und bewegenden Versuch Dietrich Bonhoeffers zu sagen, den er in seiner Einführung in die Psalmen mit dem Titel „Das Gebetbuch der Bibel" unternommen hat:

„Kein Stück des Psalters bereitet uns heute größere Not als die sogenannten Rachepsalmen... Hier scheinen alle Versuche mitzubeten zum Scheitern verurteilt, hier scheint nun wirklich die sogenannte religiöse Vorstufe gegenüber dem Neuen Testament vorzuliegen. Christus betete am Kreuz für seine Feinde und lehrte uns ebenso beten... Die Frage ist also: Lassen sich die Rachepsalmen als Gottes Wort für uns und als Gebet Jesu Christi verstehen?...

Das Gebet um die Rache Gottes ist das Gebet um die Vollstreckung seiner Gerechtigkeit im Gericht über die Sünde. Dieses Gericht muß ergehen, wenn Gott zu seinem Wort steht, es muß ergehen, wen es auch trifft...

Gottes Rache traf nicht die Sünder, sondern den einzig Sündlosen, der an der Sünder Stelle getreten ist, den Sohn Gottes. Jesus Christus trug die Rache Gottes, um deren Vollstreckung der Psalm betet. Er stillte Gottes Zorn über die Sünde und betete in der Stunde der Vollstreckung des göttlichen Gerichtes: ‚Vater, vergib ihnen, denn sie wissen nicht, was sie tun!' Kein anderer als der, der den Zorn Gottes selbst trug, konnte so beten...

So führt der Rachepsalm zum Kreuz Jesu und zur vergebenden Feindesliebe Gottes. Nicht ich kann von mir aus den

Feinden Gottes vergeben, sondern allein der gekreuzigte Christus kann es, und ich darf es durch ihn. So wird die Vollstreckung der Rache zur Gnade für alle Menschen in Jesus Christus...

Ich bete den Rachepsalm in der Gewißheit seiner wunderbaren Erfüllung... Jesus Christus selbst bittet um die Vollstreckung der Rache Gottes an seinem Leibe, und er führt mich so täglich zu dem Ernst und der Gnade seines Kreuzes für mich und alle Feinde Gottes zurück...

So lehrt uns der gekreuzigte Jesus, die Rachepsalmen recht zu beten."[24]

Auch dieser christliche „Rettungsversuch" muß sich mehrere Anfragen gefallen lassen: Wird hier die Ausweglosigkeit und der Schmerz von Leidenden, denen die Fluch- und Vergeltungswünsche der Psalmen der letzte Versuch sind, nicht in die Apathie und Gottesverzweiflung zu versinken, wirklich ernst genug genommen, wenn ihr Hilfeschrei so exklusiv christologisiert wird? Wird hier nicht eine Kreuzes- und Sühnetheologie eingeführt, deren Problematik das Problem des „Rache-Gottes" noch unnötig vereinseitigt? Und vor allem: Werden hier nicht die Psalmen gegen ihren Textsinn und gegen die Juden gelesen?

III

Ein Blick auf die Psalmen selbst

Ehe wir in einer systematischen Reflexion den hermeneutischen und bibeltheologischen Horizont nachzeichnen, in dem die Feindpsalmen selbst gesehen und
gehört werden wollen (vgl. IV), sollen an ausgewählten
Psalmtexten unterschiedliche Beobachtungen zu Profil, Intention und Funktion des diese Psalmen prägenden gewaltbesetzten Gottesbildes gesammelt werden.
Dabei soll die in II.5 mehrfach angesprochene hermeneutische Option ernstgenommen werden: Schwierige,
sperrige und widerständige Texte müssen zuallererst
einmal in ihrem Widerstand wahr- und ernstgenommen
werden. Die in einem Text empfundene Fremdheit darf
nicht a priori dem Text so angelastet werden, daß er
vorschnell verurteilt und abgelehnt wird – ehe er sich
überhaupt voll aussprechen konnte. Der Grundsatz jeder Kommunikation gilt auch in der Begegnung mit
diesen als schwierig empfundenen Psalmen: Man muß
Gesprächspartner ernstnehmen, wenn man sie verstehen – und wenn man *sich* mit ihnen verständigen will,
selbst noch im Widerspruch. Wer sich also der Fremdheit der „Gewaltpsalmen" auszusetzen bereit ist, wird
auch vor die Frage gestellt, ob diese Fremdheit nicht
primär an ihm selbst liegt – und dies könnte dann der
Beginn eines lebhaften Streits mit dem Text sein, der zu
einer Freundschaft wird, die den Leser / die Leserin
verändert und prägt. Es könnte urplötzlich geschehen,
daß dem Leser / der Leserin dieser Psalmen, indem sie
den Text zu verstehen suchen, dabei neue Einsichten

über sich selbst, über die Welt, in der sie leben, und über Gott zuteil werden. Nicht vorschnell dazwischenreden, nicht besserwisserisch auf die Seite schieben, nicht im christlichen Überlegenheitsgefühl eine Verurteilung aussprechen, sondern diese Texte in ihrem geschichtlichen Kontext, in ihrer sprachlichen Gestaltung und in ihrer theologischen Leidenschaft zu verstehen suchen – darauf kommt es zunächst einmal an.

Ich wähle sieben Psalmen aus, um an ihnen die Multiperspektivität des Gottes der Rache und der Gewalt im biblischen Psalmenbuch wenigstens ausschnitthaft sichtbar zu machen. Zu dieser Auswahl gehören alle drei Psalmen, die als ganze aus dem Stundengebet ausgeschlossen wurden (Ps 58 83 109). Aus der Gruppe der neunzehn Psalmen, aus denen die kirchliche Zensur einzelne Verse herausgestrichen hat, wähle ich die Psalmen 137 und 139 aus. Die beiden Psalmen 12 und 44 nehme ich hinzu, weil sich an ihnen erkennen läßt, wie schon Israel selbst die Gewaltperspektive problematisiert und differenziert hat..

Ich gebe den Text jeweils in meiner eigenen Arbeitsübersetzung wieder, die ich hier freilich nicht im einzelnen begründen kann. Leider ist keine ausführliche Analyse und Interpretation der Psalmen möglich. Ich versuche, jene Gesichtspunkte herauszustellen, die für unsere Thematik bedeutsam sind.

1. Psalm 12: Protest gegen die Gewalt von gewalttätigen Menschen

1   Für den Chorleiter. Auf dem Achtsait. Ein Psalm Davids.

2a   Rette doch, JHWH, denn zu Ende ist's mit dem Frommen,
2b   denn verschwunden sind die Treuen unter den Menschenkindern.

3a Trug reden sie, einer mit dem anderen,
3b   mit glatter Lippe, mit zweierlei Herzen reden sie.

4a Ausrotten möge JHWH alle glatten Lippen,
4b   die Zunge, die so groß daherredet,
5a sie, die da sagen: „Mit unserer Zunge sind wir mächtig,
5b   sind unsere Lippen mit uns, wer ist da Herr über uns?"

6a „Wegen der Vergewaltigung der Unterdrückten, wegen des
     Stöhnens der Armen,
6b erhebe ich mich jetzt", spricht JHWH,
6c „ich bringe Rettung dem, gegen den man schnaubt!"

7a Worte JHWHs sind lautere Worte,
7b   geläutertes Silber, geschmolzen im Ofen, siebenmal gerei-
     nigt.

8a Du, JHWH, wirst sie behüten,
8b   du wirst ihn bewahren vor diesem Geschlecht da für im-
     mer,
9a mögen auch ringsherum Frevler wandeln,
9b   mag auch Gemeinheit groß sein bei den Menschenkin-
     dern.

Der vermutlich spätvorexilische 12. Psalm, der
durch V.9 redaktionell mit dem vorangehenden Psalm
11 verzahnt wurde, inspiriert sich sprachlich und theologisch am Ablauf der prophetischen Klageliturgien,
die in Notsituationen ein „erlösendes" Gotteswort aus
dem Munde eines Kultpropheten erflehten. Eine solche
Klageliturgie hatte als Grundmuster einen dreiteiligen
Aufbau: (1) Klage über die Notsituation (vorgetragen
vom Liturgen, begleitet von Klageäußerungen der Gemeinde); (2) Antwort Gottes in der Ich-Form (vorgetragen vom Kultpropheten, der hier seine typische
Rolle als Prophet, d. h. als Sprecher an Stelle Gottes,
ausübt); (3) Reaktion der Gemeinde auf das ergangene
Gotteswort (meist Lobpreis und Dank, aber auch Ausdruck der Zuversicht und der Hoffnung). Unser Psalm
orientiert sich an diesem Schema. Er ist konsequent auf

die direkte Gottesrede V.6 als seine Mitte hin entworfen. Die konzentrische Struktur der Sprechakte ist an der Abfolge der Sprechrichtungen gut erkennbar: V.2–3 ist Du-Anrede an JHWH (JHWH in 2. Person); V.4–5 ist Wunsch / Bitte an JHWH (JHWH in 3. Person); V.6 ist direkte Gottesrede (JHWH in 1. Person); V.7 ist Aussage über JHWHs Worte (JHWH in 3. Person); V.8–9 ist Du-Anrede an JHWH (JHWH in 2. Person) (Abfolge ABCBA). Die Konzentrik ist auch sprachlich hervorgehoben: Anfang und Ende sind durch das Stichwort „Menschenkinder" aufeinander bezogen (*inclusio*). Die Gottesrede V.6, die durch ihre dreiteilige Gestalt als Mitte des Psalms betont ist, gibt sich durch Stichwortaufnahme als Erfüllung der mit dem ersten Wort des Psalms formulierten Bitte (V.2a: „Rette doch"; V.6c: „ich bringe Rettung"). Der Psalm verwendet fünfmal den Gottesnamen JHWH, und zwar je einmal in jedem der fünf Abschnitte ABCBA; auch dadurch ist V.6 als Mitte des Psalms herausgestellt.

Als sprachlich-dynamisches Gebetsgeschehen läuft der Psalm demnach so ab: Der Psalm setzt ein mit einem Hilferuf mit zweimaliger Begründung und entfalteter Schilderung der gesellschaftlichen Krise (V.2–3). Es folgt der Wunsch nach Ausrottung der Frevler, deren schrankenlose Überheblichkeit und faktische Gottlosigkeit poetisch eindrucksvoll mit einem Zitat zusammengefaßt werden (V.4–5), von dem sich als Kontrast das in V.6 angeschlossene Zitat des Gotteswortes abhebt. Darauf antwortet V.7 mit einer im nominalen Hymnenstil gestalteten Lobpreisung des Gotteswortes. Der Psalm schließt mit dem Bekenntnis V.8–9, das mit betontem Personalpronomen „Du" eröffnet wird, und mit dem sich der Beter der in der Gegenwart immer noch als übermächtig erlittenen Gemeinheit der Frevler widersetzt sowie zum Widerstand gegen sie aufruft – motiviert durch eben die Kraft, die das Rezitieren dieses Psalms geben will (und kann).

Für unsere Fragestellung sind folgende Beobachtungen wichtig:

(1) Der Psalm bietet massive Gesellschaftskritik im Stil weisheitlich-prophetischer Analyse. Er deckt den zerstörerischen Mißbrauch des menschlichen Wortes auf, der zur quasi-institutionellen Brutalität geworden ist – und offensichtlich sogar als gesellschaftlich legitim gilt.

(2) Der Psalm bemüht als Ursache weder mythische noch dämonische Mächte, sondern macht einzelne Menschen und Menschengruppen verantwortlich und benennt die Wurzeln ihres gewalttätigen Handelns.

(3) Der Psalm verwehrt jegliche Möglichkeit, menschenzerstörerische Gewalt theologisch zu legitimieren oder zu verbrämen: Wo Menschen unterdrückt und vergewaltigt werden, steht die Gottes-Wahrheit auf dem Spiel.

(4) Der Psalm realisiert ein vielschichtiges Gottesbild. Einerseits ruft die Bitte von V.4 konkret nach einem Gott, der vernichtet. Andererseits ist die in V.6 ergehende Zusage Gottes recht allgemein formuliert – und sie betont ausschließlich den rettenden Aspekt, wobei die tröstenden Nebentöne der Gottes-Solidarität mit den Opfern nicht zu überhören sind.

(5) Das Gotteswort löst keine Gewalt der Opfer gegen ihre Henker aus; der Teufelskreis der Gewalt wird hier durch die Erinnerung an JHWH als den Retter und Schützer der Armen unterbrochen. Der abschließende Vers 9 ruft sogar zu langem Atem auf, trotz der geradezu unumschränkten Übermacht der strukturellen Gewalt der Gesellschaft.

(6) Der Psalm läßt unterschiedliche Aspekte von Ge-

walt erkennen: Der zerstörerischen Gewalt der Frevler setzt der Psalm die rettende Gewalt JHWHs entgegen, die den Armen und Schwachen in ihrer Ohnmacht zu Hilfe kommt und diese „aufrichtet". Man könnte diese beiden Aspekte von Gewalt durchaus mit den beiden Begriffen *violentia* (repressive Gewalt) und *potestas* (legitime Gewalt) bezeichnen, vielleicht aber noch besser mit der Unterscheidung von „Gewalt" und „Macht" begrifflich eingrenzen.[1]

2. Psalm 139: Leidenschaftlicher Kampf gegen strukturelle Gewalt

1a   Für den Chorleiter. Ein Psalm Davids.

1b   JHWH, du hast mich ausgeforscht und (er)kennst mich.

2a   Du, ja du hast erkannt mein Hinsitzen und mein Aufstehen,

2b   du hast achtgegeben auf meine Gedanken von fern her.

3a   Mein Gehen und mein Liegen hast du abgemessen,

3b   und alle meine Wege hast du überwacht.

4a   Ja, nicht war ein Wort auf meiner Zunge,

4b   siehe, da hast du es schon ganz erkannt.

5a   Von hinten und von vorne hast du mich umschlossen

5b   und du hast auf mich deine Hand gelegt.

6a   Zu sonderbar ist dieses (dein) Erkennen mir,

6b   zu hoch: ich fasse es nicht.

7a   Wohin kann ich gehen vor deinem Geist?

7b   Und wohin kann ich vor deinem Angesicht weglaufen?

8a   Wenn ich hinaufstiege in den Himmel – dort bist du!

8b   Und wenn ich mich bettete in der Unterwelt – siehe, da bist du!

9a   Erhöbe ich die Flügel der Morgenröte,

9b   ließe ich mich nieder am Ende des Meeres,

10a   selbst dort würde deine Hand mich führen

10b   und würde deine Rechte mich ergreifen.

11a   Und ich sprach: „Nur Finsternis soll nach mir schnappen

11b   und Nacht soll das Licht sein um mich herum!"
12a   Doch selbst Finsternis ist nicht finster vor dir
12b   und Nacht leuchtet dir wie Tag: Finsternis und Licht sind vor dir gleich.

13a   Ja, du hast meine Nieren geschaffen,
13b   du hast mich gewoben im Leib meiner Mutter.
14a   Ich danke dir, daß ich furchtbar bin ausgesondert,
14b   sonderbar sind deine Werke, und meine Seele erkennt dies sehr.
15a   Nicht waren verborgen meine Glieder vor dir,
15b   als ich im Geheimen geschaffen wurde.
15c   Kunstvoll wurde ich gewoben in den Tiefen der Erde,
16a   mein Werden sahen deine Augen.
16b   Und in dein Buch sind sie alle geschrieben,
16c   meine Tage, ehe sie gebildet wurden, als noch keiner von ihnen da war!

17a   Doch mir, wie schwer sind mir deine Gedanken,
17b   o Gott, wie gewaltig ist mir ihre Zahl!
18a   Wollte ich sie zählen, sie sind zahlreicher als der Sand,
18b   wäre ich damit am Ende, ich wäre noch immer bei dir!
19a   Wenn du doch tötetest, Gott, den Frevler!
19b   „Ihr Blutmänner, weichet von mir!"
20a   Sie nennen dich zu Trug,
20b   erheben deinen Namen zu Nichtigem, sind deine Gegner.
21a   Hasse ich nicht, die dich hassen, JHWH?
21b   Und verabscheue ich nicht, die sich wider dich empören?
22a   Ja, mit allem Haß hasse ich sie:
22b   mir zu Feinden sind sie geworden.

23a   Forsche mich aus, Gott, und kenne mein Herz!
23b   Prüfe mich und erkenne meine Sorgen!
24a   Und sieh, ob ich auf dem Weg des Verderbens bin –
24b   und führe mich auf dem Weg des Uranfangs.

Ist es nicht verständlich und sinnvoll, daß für das kirchliche Stundengebet aus diesem Psalm die Verse 19–22 gestrichen wurden? Auch Dorothee Sölle läßt diese Verse in ihrer Interpretation einfach weg, die sie

in ihrem Büchlein „Die Hinreise" gibt.[2] Blickt man in
die „kritischen" Kommentare, lassen sich für diese
Streichung Argumente zuhauf finden. Da gibt es immerhin Exegeten, die den Abschnitt V.19–24 sogar als
selbständiges Lied abtrennen wollen, weil er nicht zum
vorangehenden Text V.1–18 passen will:

> „Ob diese im Rhythmus seltsam ungleichmäßigen, leiden-
> schaftlich dahinstürmenden Verse wirklich zu dem stillen Ge-
> dicht gehören, mit dem verbunden sie auf uns gekommen
> sind?"[3]

Selbst ein so bedeutender Psalmenforscher wie Her-
mann Gunkel, der einerseits für die theologische Tiefe
von V.1–18 schwärmt, meldet andererseits für V.19–22
starke Bedenken an:

> „Unser Psalmist ist der Erbe der Propheten und Hymnen-
> dichter. Staunend steht er vor dem großen Geheimnis, daß
> Gottes Wissen und Macht keinen Grenzen unterliegt. Das
> sind Gedanken, die ihm selber neu und überraschend sind;
> daher die eigentümliche, kraftvolle Frische, mit der er sie aus-
> spricht, weshalb denn auch der Psalm in der christlichen Ge-
> meinde noch bis auf diesen Tag mit Recht als klassischer
> Ausdruck dieser Ideen gilt...
>
> Wie das Schöpfungslied 104 zum Schluß (35) auf die Frev-
> ler kommt, die in Gottes wundervoller Welt den Einklang stö-
> ren, und ihnen den Garaus wünscht..., so auch unser Lied.
> Seine zornige Leidenschaft wirft er auf sie... Eine bemerkens-
> werte Erscheinung, daß ein Mann, der sich mit solcher In-
> brunst in Gottes Nähe versenkt, plötzlich so grimmig
> auffahren kann, wenn er der Frevler gedenkt. Aber ein echt
> israelitisches Bild. Dies Volk von überströmendem Tempera-
> ment, von leidenschaftlicher Subjektivität, kennt auch in der
> Religion nur Wahrheit und Lüge und nichts dazwischen. So
> kommt es, daß die Religion überaus unduldsam ist: keine
> Schonung der Andersgläubigen, sondern, wenn es möglich
> ist, ihre Ausrottung!... Ja, die innige Andacht dieses Psalmi-
> sten und sein Zorn gegen die Verächter gehören innerlich zu-
> sammen: dieselbe Glut der Empfindung, die ihn vor dem

All-Einen auf die Knie zwingt, läßt ihn wütend entbrennen gegen die, die seine Empfindung nicht teilen... Das Wort von dem Gott, der regnen läßt über Gerechte und Ungerechte, wäre diesem Zeitalter unverständlich gewesen."[4]

Läßt sich dieses „Übel" also dadurch heilen, daß man V.19–22 einfach streicht? Folgt man dem weitverbreiteten Verständnis des Psalms, wie es sich in den Überschriften widerspiegelt, die er in den Bibelübersetzungen erhält, legt sich dies in der Tat nahe. Wer den Psalm als eine philosophische Meditation über das Thema „Der Mensch vor dem allwissenden Gott" (so die „Einheitsübersetzung") versteht, kann in der Tat auf V.19–22 verzichten.

Aber dieser Psalm ist eben kein „Hymnus auf die göttliche Vorsehung, die weitschauend alles von Anfang an schon geordnet hat, so daß der Menschen Schicksale ihr von Anfang an bekannt sind"[5], sondern dies ist das Gebet eines einzelnen, der in geradezu prophetischer Leidenschaft sein individuelles „Leiden an Gott", der ihn in Beschlag genommen hat (V.1b-6) und von dem er nicht loskommt (V.7–12), betend abarbeitet. Wer hier allzuschnell V.19–22 streicht, um einen „schönen" Psalm zu erhalten, muß auch die klagenden, ja anklagenden Zwischentöne herausschneiden, die schon in V.1–12 mitklingen, in denen der Beter wie Jeremia (vgl. die Konfessionen des Jeremia Jer 12,1–6; 15,10–21; 20,7–18) und wie Ijob (vgl. besonders Ijob 7,12–21) die Nähe seines Gottes als Last und Hemmnis erfahren hat. Wer V.19–22 aus „christlichem" Übereifer herausstreicht, muß vor allem wissen, daß er damit die ganze Anlage des Psalms zerstört – sowohl in poetischer wie in theologischer Hinsicht! Und überdies ergibt sich durch die Streichung von V.19–22 ein beinahe absurder Psalmschluß. Die Bitte um „Prüfung" des Beters durch Gott (V.23ab) ergibt erst einen Sinn, wenn die in V.21–22 voranstehende Erklärung im Blick ist, wonach es dem Beter einzig und allein um die Sache Gottes geht. Und die in V.24 vorausgesetzte Alternative der beiden Wege ist ebenfalls nur verständlich, wenn man um die in V.19–22 besprochene Konkretion dieser beiden Wege weiß.

Im Psalm überlagern sich zwei Strukturen, die seine Gebetsdynamik bestimmen.[6] Da ist erstens der Rahmen (*inclusio*) V.1a und V.23–24, der mit seinen wörtlichen Wiederholungen eine Spannung vom Indikativ zum Imperativ aufbaut. Dabei ist wichtig: Während die Aussage in V.1b, wie V.2–12 zeigt, eher negativ konnotiert ist (daß JHWH den Beter ausgeforscht hat, hat dieser als Beschlagnahme erlebt, der er sich entziehen wollte und eigentlich immer noch entziehen möchte!), sind die Imperative V.23–24 positiv konnotiert: JHWH soll sehen, daß es dem Beter ernst ist – und er soll ihm dabei helfen! Dieser Rahmen legt sich um den vierfach gegliederten Hauptteil: V.2–6.7–12.13–16.17–22. Diese Teile heben sich vor allem durch die unterschiedliche Sprachgestalt voneinander ab: V.2–6 konstatiert individuelle Sachverhalte der Vergangenheit: *JHWHs* Handeln am Beter; die Sprechrichtung ist das betonte, vorwurfsvolle Du. V.7–12 setzt mit emphatischen Fragen ein; der Abschnitt ist stark ich-zentriert; er beschreibt die gegenwärtige Situation des Beters, die sich für ihn als Konsequenz aus dem in V.2–6 konstatierten Gotteshandeln ergibt. V.13–16 blickt abermals auf ein Handeln JHWHs am Beter in der Vergangenheit, wieder mit der betonten Sprechrichtung Du, diesmal freilich positiv konnotiert. Die Konsequenz daraus zieht dann V.17–22, der ebenso wie V.7–12 stark ich-zentriert und mit Fragen durchsetzt ist. Die vier Teile sind demnach paarweise parallel gestaltet: Handeln

JHWHs (V.2–6.13–16) und Reaktion des Beters (V.7–12.17–22). In gewisser Weise sind die beiden Paare sogar antithetisch aufeinander bezogen: Die in V.2–6 konstatierte Zuwendung JHWHs empfindet der Beter fast als eine „Belagerung" (V.5a) und als eine auf ihm lastende „Inpflichtnahme" (V.5b), der er sich entziehen wollte und mit „einem Herzen" immer noch möchte, was freilich unmöglich ist – wegen JHWH (V.7–12)! Das scheinbar negativ-resignative Fazit, mit dem V.2–12 schließt, wird dann in V.13–16.17–22 positiv-kämpferisch verarbeitet: Mit V.13–16 stößt der Beter zu einer tieferen Sicht des Interesses Gottes an ihm durch, der ihn „ausgesondert" und kunstvoll bereitet hat – und der nun darauf wartet, daß „sein Werk" den Dienst tut, für den er es geschaffen und ausgestattet hat, jeden einzelnen Tag! Auch wenn dieser Auftrag sein Denken übersteigt (V.17–18) und dieser Kampf gegen die Bösen und das Böse eigentlich die Kompetenz Gottes selbst wäre (V.19a) – er will sich diesem Auftrag nicht entziehen, sondern sich ihm voll und mit seiner ganzen Leidenschaft stellen (V.21–22).

Schon aus dieser knappen Skizze wird deutlich: Wer V.19–22 aus dem Psalm streicht, zerstört die Gebetsdynamik des Psalms und seine Struktur. Die diesbezügliche Aktion der „Liturgiereformer" war ein Akt künstlerischer und theologischer Barbarei!

Aber kann man denn V.19a und V.21–22 heute noch beten? Müssen wir, da wir nicht den Psalm zerstückeln können (und wollen), nicht den Psalm aus unserem Gebetsschatz entfernen? Als Antwort auf diese Fragen und zum tieferen Verständnis des Psalms sind m. E. folgende Beobachtungen dienlich:

(1) Im Hintergrund des Abschnitts V.17–22 steht nicht eine aktuelle Bedrohung durch Feinde, sondern die geradezu strukturelle destruktive Gewalt „des Frev-

lers" (Kollektivbegriff: *„die* Frevler"), die als „Blutmänner" die Gesellschaft korrumpieren und dabei auch
noch die Religion einsetzen. Es ist im Grunde eine ähnliche Erfahrung wie die, die hinter dem oben kurz be-
trachteten 12. Psalm steht.

(2) Mit Ps 12 teilt Ps 139 auch die Grundauffassung,
daß mit der Macht und dem Erfolg der Gewalttäter die
Gottes-Wahrheit JHWHs auf dem Spiel steht. Anders
als Ps 12 bleibt es in Ps 139 aber nicht beim Protest allein. Der Beter von Ps 139 weiß sich zum konkreten
Widerstand und Kampf gegen diese Feinde der Gottes-
Wahrheit verpflichtet. Es ist freilich kein Kampf aus re-
ligiösem Fanatismus, sondern ein Kampf gegen verbre-
cherische Menschenvernichter („Blutmänner").

(3) Die beiden Verben „hassen" und „verabscheuen"
haben von ihrer ersttestamentlichen Verwendung her
andere Konnotationen als in unserem deutschen
Sprachgebrauch. Wie „lieben" hat auch „hassen" primär konkretes Tun im Blick (vgl. das ersttestamentliche Liebesgebot Lev 19, 17–18.33–34). In Ps 139, 21–22
geht es nicht um Haßsucht und Menschenverachtung,
sondern um eine Haltung und um Aktionen, die sich
der destruktiven Gewalt entgegenstemmen und diese
bekämpfen. Von daher könnte man die beiden Verse
durchaus sachgemäß und weniger mißverständlich so
übersetzen:

21a   Soll ich nicht, JHWH, die dich bekämpfen, bekämpfen?
21b   Soll ich nicht verabscheuen, die sich wider dich empö-
         ren?
22a   Ja, mit ganzer Leidenschaft bekämpfe ich sie:
22b   zu Feinden sind sie mir geworden.

(4) Eigentlich drängt es den Beter nicht „von Natur
aus" zu diesem Kampf gegen die Bösen und das Böse.
Das sagt er in V.7–12 mit unmißverständlicher Klar-

heit. Die Verse erinnern an Ps 73, wo der Beter
in V.13–17 seine Versuchung eingesteht, sich auf die
Seite der Frevler zu schlagen – und so an ihrem Erfolg
und Reichtum teilzuhaben. Hinter Ps 139, 7–12 scheint
freilich eher die Neigung zu stecken, sich aus der Sache
herauszuhalten oder Gott selbst damit zu behaften
(vgl. auch 139, 19a). Dieses spontane Zurückschrecken
bewahrt den Beter vor Fanatismus und macht ihm seine
Verwiesenheit auf JHWHs Geleit (vgl. V.23–24!) bewußt.

(5) „Wie der Beter von Ps 73 kann auch der dieses
Psalms, im Gegensatz zu vielen sonntäglichen
Kirchgängern, den engen Zusammenhang zwischen
mystischer Gottverbundenheit und Politik nicht übersehen. Ungerechtigkeiten in der Gesellschaft korrumpieren die Verbundenheit mit Gott. Ähnlich wie das Ich
von Ps 73 sieht sich das von Ps 139 von daher gefährdet. Das Bewußtsein davon und die Angst davor brechen hier allerdings wie ein Vulkan über eine friedliche
Landschaft herein."[7] Gott-Vertrauen und Gottes-My-
stik, die blind für gesellschaftliches Unrecht sind oder
sich die Hände nicht schmutzig machen wollen, sind
Zynismus.

(6) Der Beter weiß um die bleibende Ambivalenz seines Gottesverhältnisses, mit der er sich betend ausein-
andersetzt. Es ist das Oszillieren der Abhängigkeit, die
er einerseits als fundamentale Grenze und andererseits
als Geschenk erfährt. Wegen dieser Abhängigkeit ist Ps
139 „lange und bis heute immer wieder als das große
Gedicht vom furchtbaren Gott gelesen worden, der den
Menschen Tag und Nacht *von außen* beobachtet und
kontrolliert, um auf tausend Kleinigkeiten beleidigt,
verärgert und strafend zu reagieren... Ps 139 wird als
Gedicht vom ‚großen Bruder' gelesen, der eine erbar-
mungslose, totale Kontrolle ausübt. Aber das ist es

nicht. Eher beobachte ich Gott, wie er mich als Embryo formt. Er kennt mich von daher besser, als ich mich kenne. Ich nehme mich als Geschenk von ihm entgegen und lerne mich mit ihm zusammen allmählich kennen."[8] Im aktiven Widerstand gegen Unrecht und Gewalt kann einem aufgehen, was im Menschen steckt – auch an ungeahnter Kraft und Kreativität.

3. Psalm 58: Schrei nach Recht und Gerechtigkeit

1   Für den Chorleiter. Nach der Weise „Zerstöre nicht!" Von/für David. Ein Miktam.

2a   Verkündet ihr Götter wirklich Gerechtigkeit,
2b   schafft ihr Recht in Geradheit unter den Menschenkindern?

3a   Nein, vorsätzlich übt ihr Unrecht auf Erden,
3b   Gewalttat tut ihr mit eigenen Händen.

4a   Fehlgegangen sind die Frevler vom Mutterschoß an,
4b   abgeirrt sind vom Mutterleib an die Lügenredner.

5a   Sie haben Gift in sich wie Schlangengift,
5b   gleichwie die taube Otter sind sie, die ihr Ohr verstopft,
6a   welche nicht hört auf die Stimme der Beschwörer,
6b   des kundigen Zaubersprechers.

7a   Gott, zermalme ihnen die Zähne im Maul,
7b   das Gebiß der Löwen zerkrache, JHWH!

8a   Sie sollen vergehen wie Wasser, die sich verlaufen,
8b   sie sollen verdorren wie Gras, das man zertritt,
9a   wie die Schnecke, die im Schleim dahingeht,
9b   wie einer Frau Fehlgeburt, die die Sonne nicht schaut.
10a Ehe sie Stacheln treiben wie ein Dornstrauch:
10b   ob frisch, ob verbrannt, es wehe ihn weg!

11a Es soll sich freuen der Gerechte, wenn er Ahndung („Rache") schaut,
11b   wenn er seine Füße badet im Blut des Frevlers.

12a Und es sollen die Menschen sagen: Ja, der Gerechte findet
       Frucht,
12b ja, es gibt einen Gott, der Recht schafft auf Erden!

Dieser Psalm ist aus dem Stundengebet ausgeschlossen
worden. Anstoß gaben sicher nicht nur die zwei Verse 7
und 11 mit ihren gewalttätigen und blutrünstigen Formulierungen. Auch die Bildsprache des Psalms insgesamt stört mit ihren plastischen Vernichtungswünschen
eine auf meditative Harmonie angelegte Liturgie.

Die kirchliche Tradition war hier nicht so zimper-
lich. Mit diesem Psalm haben nicht wenige kirchliche
Lehrer und Prediger die Juden verbal vernichtet. So
kann man z. B. bei Augustinus in seinen „Enarrationes
in Psalmos" lesen:

> *„Gott hat ihre Zähne in ihrem Mund zerschlagen.*
> Was für Zähne sind das? Es sind die Zähne jener, deren
> Zorn gleich dem der Schlange ist, gleich dem der Natter, die
> ihre Ohren zuhält, um nicht die Stimme der Beschwörer zu
> hören. Was hat ihnen der Herr getan? Er hat ihre Zähne in
> ihrem Mund zerschlagen. Schon ist dies geschehen, am An-
> fang ist es geschehen und gegenwärtig geschieht es. Würde es
> aber nicht genügen, meine Brüder, wenn es hieße: Gott hat
> ihre Zähne zerschlagen? Weshalb in ihrem Mund? Gleich je-
> ner Schlange und jener Natter, wollten die Pharisäer von
> Christus nicht das Gesetz hören, wollten von ihm nicht die
> Lehren der Wahrheit hören. Sie gefielen sich ja in ihren ver-
> gangenen Sünden, und das gegenwärtige Leben wollten sie
> nicht verlieren, das heißt, sie wollten die irdischen Freuden
> nicht hergeben für die ewigen. Das eine Ohr verschlossen sie
> durch ihre Liebe zum Vergangenen, das andre durch ihre
> Liebe zum Gegenwärtigen: darum wollten sie nicht hören.
> Weshalb sagten sie denn: ‚Wenn wir ihn so gehen lassen, wer-
> den die Römer kommen und uns Land und Leute wegneh-
> men'? Sie wollten eben ihr Land nicht verlieren, an die Erde
> hatten sie ihr Ohr gelehnt. Es steht auch von ihnen geschrie-
> ben, daß sie habsüchtig und geldgierig waren, und ihr ganzes
> Leben, auch ihr vergangenes, hat der Herr im Evangelium be-

schrieben. Wer sorgfältig das Evangelium liest, findet, womit sie sich beide Ohren verstopften. Versteht mich, meine Lieben! Was tat der Herr? Er zerschlug ihre Zähne in ihrem Munde. Was heißt: in ihrem Munde? Sie sollten mit ihrem eigenen Mund gegen sich Zeugnis ablegen; er nötigte sie, mit ihrem eigenen Mund sich das Urteil zu sprechen. Wegen der Steuerfrage hätten sie ihn gern verklagt, er aber sagte nicht, es sei erlaubt, Steuer zu zahlen, oder es sei nicht erlaubt. Er wollte ihre Zähne, mit denen sie ihn zu beißen verlangten, zermalmen, und er wollte sie mit ihrem eigenen Mund zermalmen. Hätte er gesagt: ,Man zahle dem Kaiser die Steuer', dann hätten sie ihn beschuldigt, daß er das Judenvolk geschmäht habe, da er es steuerpflichtig mache. Infolge ihrer Sünden waren sie nämlich so erniedrigt, daß sie Steuer entrichten mußten, wie es ihnen im Gesetz vorhergesagt war. Wir überführen ihn, sagten sie, der Schmähung unsres Volkes, wenn er Steuer zu zahlen befiehlt; sagt er aber, wir sollen keine zahlen, dann überführen wir ihn, daß er unsrer Ergebenheit gegen den Kaiser entgegengetreten ist. Eine so gefährliche Falle legten sie dem Herrn, um ihn zu fangen. Aber zu wem waren sie gekommen? Zu dem, der ihre Zähne mit ihrem eigenen Munde zu zerschlagen wußte. ,Zeigt mir die Zinsmünze' sprach er. ,Was versucht ihr mich, ihr Heuchler?' Denkt ihr an die Zahlung der Steuer? Wollt ihr Pflichten der Gerechtigkeit erfüllen? Sucht ihr Rat in Fragen der Gerechtigkeit? Wenn ihr denn wirklich nach der Gerechtigkeit redet, dann urteilt recht, ihr Menschenkinder. Da ihr aber so redet und anders urteilt, so seid ihr Heuchler. Weshalb versucht ihr mich? Jetzt werde ich eure Zähne mit eurem Munde zerschmettern: ,Zeigt mir die Zinsmünze!' Und sie zeigten sie ihm. Er aber sagt nicht: Des Kaisers ist sie, sondern er fragt: ,Wessen ist sie?' So will er ihre Zähne mit ihrem eigenen Munde zerschmettern. Auf seine Frage hin, wessen das Bild und die Aufschrift sei, antworteten sie nämlich: ,Des Kaisers'. Jetzt wird der Herr ihre Zähne mit ihrem eigenen Munde zerschmettern. Schon habt ihr geantwortet, schon sind eure Zähne mit eurem Munde zerschmettert. ,Gebt dem Kaiser, was des Kaisers ist, und Gott, was Gottes ist.' Der Kaiser sucht sein Bild: gebt es ihm. Gott sucht sein Bild: gebt es ihm. Der Kaiser verliere nicht seine Münze, und Gott verliere nicht seine Münze: beiden schuldet ihr sie. Jene aber wußten nicht, was sie erwidern sollten. Sie waren gesandt worden, ihn anzuklagen, und sie kehrten zurück und erklärten, niemand könne ihm antworten. Weshalb? Weil ihre Zähne in ihrem Munde zerschmettert worden waren...

Aber auch die Kinnbacken der Löwen hat der Herr zerbrochen. Vielleicht ist es auch hier nicht ohne Bedeutung, daß er nicht hinzufügt: in ihrem Maule. Diejenigen, die ihm mit verfänglichen Fragen nachstellten, nötigte er, sich durch ihre eigene Antwort als besiegt zu erklären; diese aber, die offen wüteten, sollten nicht durch Fragen überführt werden. Dennoch wurden auch ihre Kinnbacken zerbrochen: der Gekreuzigte stand auf, fuhr in den Himmel auf, Christus ward verherrlicht, von allen Völkern wird er angebetet, angebetet wird er von allen Königen. Nun mögen die Juden wüten, wenn sie können. Sie können es nicht mehr: Zerbrochen hat der Herr die Kinnbacken der Löwen."

Mit dieser allegorisierenden Polemik brauchen wir uns nicht weiter auseinanderzusetzen. Gleichwohl zeigt sie, daß die spontane Ablehnung des 58. Psalms, die manchem kommen mag, auch von einem zeit- oder situationsbedingten „Geschmacksurteil" beeinflußt sein kann. Ehe man dem nachgibt, muß auch Ps 58 als ein Text akzeptiert werden, an dem man sich abarbeiten kann – vor allem, wenn man die in ihm sich überlagernden Aussage-Ebenen „schmekken" gelernt hat. Dann wird man ihn sogar liebgewinnen!

Die beiden Textebenen lassen sich leicht erkennen. Da findet einmal ein Götterkonflikt statt. Mit ihm beginnt der Psalm (V.2), und mit ihm schließt er (V.12). Es geht um die Frage, ob es einen Gott gibt, der die Welt- und Lebensordnung so schützt, daß die Gerechten, die nach dieser Ordnung leben und sich für sie einsetzen, nicht auf der Strecke bleiben. Daß gerechtes Leben „Frucht trägt", sollen „die Menschen" am Schicksal „der falschen Götter" und am Schicksal „des

Gerechten" erkennen – um sich dann auch selbst für ein Leben in Gerechtigkeit zu entscheiden.

Die zweite Textebene wird in V.4 und in V.11 sichtbar. Hier sind nicht „Götter", sondern „Frevler" die Konfliktgegner. Daß es sich dabei um Menschen handelt, steht von V.4 her außer Frage; sie sind „vom Mutterleib" an Agenten des Bösen. Auch das in V.11 vorausgesetzte gräßliche Kriegsbild („der Frevler" in V.11 ist Kollektivbegriff) setzt eher Menschen als Götter voraus. Auf dieser Textebene geht es um einen Konflikt zwischen „dem Gerechten" und „dem Frevler".

Die zwei unterschiedlichen Textebenen signalisieren höchstwahrscheinlich zwei unterschiedliche Entstehungsphasen des Psalms. Der Grundpsalm, der eine auffallende Verwandtschaft mit Ps 82 aufweist, ist in V.2–3.5–6.8–10.12 zu suchen. Szenisch ist es ein Tribunal gegen die „falschen" Götter, die für das Unrecht auf Erden verantwortlich gemacht werden und denen deshalb die Vernichtung angedroht wird. Dieser ursprüngliche Psalm ist kein Gebet, sondern ein prophetisch-weisheitliches Lehrgedicht. Fiktiver Sprecher ist JHWH selbst. Seine Rede gliedert sich in vier Teile: In V.2–3 werden „die Götter" direkt angeredet, es ist eine Art Anklage und Verhör. Darauf ergeht in V.5–6 der Schuldspruch und in V.8–10 die Strafankündigung. V.12 schließlich formuliert das Ziel der Göttervernichtung: daß endlich Gerechtigkeit gelebt wird auf der Erde. Im Hintergrund dieses „Grundpsalms", dessen Götterpolemik in die theologische Vorstellungswelt des sog. Deutero-Jesaja weist, steht die Idee, daß die Götter die Geschichte bestimmen, und daß sich ein wahrer Gott (bzw. der wahre Gott) daran messen lassen muß, ob in seinem Herrschaftsbereich „der Gerechte Frucht findet". Im Grunde ist dies die Frage der

Theodizee. Wo dem Gerechten keine Gerechtigkeit widerfährt, hat Gott seine Existenz verwirkt. Das ist die Provokation, die in diesem Psalm steckt.

Die Überarbeitung des Grundpsalms, die in V.4.7.11 vorliegt, hat dieses Theodizeeproblem auf die Füße gestellt. Sie will der Gefahr wehren, daß das Unrecht und die Gewalttaten als (bloßes) Werk von „Göttern" oder „Dämonen" entschuldigt oder mißverstanden werden, daß sich der Kampf gegen die Bösen nur als Auseinandersetzung mit den Mächten und Gewalten in den Lüften und im himmlischen Bereich (vgl. Eph 6, 12) abspielen muß, und vor allem, daß über dem Kampf um den wahren Gott die Leiden *der Menschen* vergessen werden, aber auch der Gefahr, daß das Gericht in das Eschaton verlagert wird. In dieser Absicht verschärft die Bearbeitung den Schuldspruch: Das Versagen der Götter wird erkennbar in den Verbrechen der Frevler, deren Verderbtheit hyperbolisch in V.4 als Abweichen vom Weg der Gerechtigkeit und der Wahrheit gekennzeichnet wird. Mit dem Hilferuf von V.7, der nun kunstvoll das strukturelle Zentrum des Psalms bildet, wird das ursprüngliche Lehrgedicht zu einem Hilfeschrei der zu Tode Geängsteten umgestaltet. Das ist die Situation, aus der heraus der Psalm nun verstanden und theologisch beurteilt werden muß: Es ist der Schrei eines Menschen, der gerecht leben will und gerade deshalb von einer bösen Welt aufgefressen zu werden droht wie von brüllenden, freßlustigen wilden Löwen. Um die Rettung von Opfern verbrecherischer Brutalität geht es bei diesem Schrei. Und ebenso geht es in V.11 nicht um die Befriedigung von Omnipotenzphantasien und Rachedurst, sondern um die Durchsetzung und Wiederherstellung von Recht und Gerechtigkeit. Gewiß, das Bild vom Gerechten, der im Blut der getöteten Frevler watet, ist ein Terrorbild, das uns erschreckt und abstößt. Und es ist wegen des emotionalen Aggressionspotentials, das es in uns aufwühlen kann, höchst problematisch. Man kann darüber diskutieren, ob und wie man diese extreme Metapher sprachlich so fassen kann, daß ihr Rechtshintergrund deutlicher wird (vgl. dazu unten V). Auf jeden Fall aber müssen drei Gesichtspunkte beachtet werden, um dem Psalm bzw. diesem Psalmvers Gerechtigkeit widerfahren zu lassen.

(1) Wer den Psalm betet, stellt sich selbst unter die Lebensmaxime, die V.12 als Quintessenz des Psalms verkündet: Nur der Gerechte findet Frucht. Und wer gerecht ist, entscheidet der wahre Gott.

(2) Im Psalm und insbesondere in V.11 geht es nicht um irrationale „Rache", sondern um „Ahndung" (so übersetze ich mit Martin Buber), d. h. um Rettung der Opfer des Unrechts, und um öffentliche Wiederherstellung der gestörten Rechtsordnung – zum Wohle der Menschen (vgl. V.12).

(3) Der Psalm kämpft für die unaufgebbare Verbindung von Religion und Ethik. Die Gottes-Wahrheit, die Menschen glauben oder verkünden, hat ihre Bewährungsprobe darin, ob sie ihre Anhänger von den Wegen der Gewalt abhält und zu einem Leben der Solidarität mit den Opfern von Gewalt antreibt.

4. Psalm 83: Zeugnis für Gott, wo alles gegen ihn spricht

1   Ein Lied. Ein Psalm von/für Asaf.

2a   Elohim, bleib nicht stumm,
2b   schweige nicht und bleib nicht ruhig, El!
3a   Denn siehe, deine Feinde toben
3b   und die dich hassen erheben das Haupt.

4a   Gegen dein Volk hecken sie Verschwörung aus
4b   und beraten sich gegen deine Schützlinge.
5a   Sie sagen: „Kommt, wir wollen sie ausrotten als Volk
5b   und nie mehr soll erinnert werden der Name Israels!"
6a   Ja, sie beraten sich von Herzen miteinander,
6b   gegen dich schließen sie einen Bund:
7a   Edoms Zelte und die Ismaeliter,
7b   Moab und die Hagariter,
8a   Gebal und Ammon und Amalek,
8b   Philistäa samt den Bewohnern von Tyrus,
9a   auch Assur verbündet sich mit ihnen,
9b   wird zum Arm der Söhne Lots. Sela.

10a   Tue ihnen wie Midian, wie Sisera,
10b   wie Jabin am Kischonbach,
11a   die vernichtet wurden zu En-Dor,
11b   die zum Dünger wurden für den Acker,
12a   mache sie, ihre Edlen, wie Oreb und wie Seeb,
12b   und wie Sebach und wie Zalmunna all ihre Fürsten,
13a   die sagten: „Wir wollen für uns in Besitz nehmen
13b   die Triften Elohims!"
14a   Mein Elohim, mache sie wie die Distel,
14b   wie Spreu vor dem Wind.
15a   Wie Feuer, das den Wald entzündet,
15b   wie Lohe, die die Berge umlodert,
16a   so jage sie mit deinem Sturmwind
16b   und mit deinem Wettersturm schrecke sie.
17a   Erfülle ihre Gesichter mit Schmach,
17b   daß sie deinen Namen suchen, JHWH.
18a   Schamrot und schreckensstarr sollen sie sein für ewig,
18b   und sie sollen sich schämen und verschwinden,
19a   und sie sollen erkennen, daß du, dessen Name JHWH ist,
19b   allein der Höchste (Eljon) bist über die ganze Erde.

Daß auch der 83. Psalm der kirchenamtlichen Zensur
beim Stundengebet zum Opfer fiel, überrascht nicht,
wenn man die „wissenschaftlichen" Einschränkungen
und Vorbehalte sieht, die sich ihm gegenüber in einem
Teil der kritischen Psalmenkommentare finden, wenngleich Ps 83 im Vergleich zu den beiden anderen inkri-

minierten „Fluchpsalmen" 58 und 109 verhältnismäßig gut wegkommt.

Einerseits finden sich Bemerkungen, die den 83. Psalm der Kirche für bestimmte Situationen sogar ausdrücklich empfehlen – freilich nicht als „Gotteszeugnis", sondern als „Kampf- und Durchhaltegebet". So gibt beispielsweise H. Reinelt in der „Geistlichen Schriftlesung" folgenden Gebetshinweis:

> „Der christliche Beter dieses Psalms muß die hier vom alttestamentlichen Psalmisten kompakt dargebotene Bedrohung des Gottesvolkes umdeuten als Bild für die vereinten Angriffe, denen die Kirche im Laufe ihrer Geschichte ausgesetzt war und immer wieder ausgesetzt sein wird, gemäß dem Schicksal unseres Herrn Jesus Christus. Im Licht der Schlußaussage kann er diesen Psalm beten."[9]

Eine analoge Perspektive schlägt auch A. Deissler vor, der die im Psalm bekämpften Feinde der Kirche noch viel umfassender versteht:

> „Ist vom AT her unser Psalm durchaus legitimiert, so muß er freilich auf neubundlicher Ebene in seinem Verständnishorizont geweitet werden. Die genannten Feindnamen werden hier zu Chiffren für die gottfeindlichen Mächte überhaupt, in und hinter denen Sünde, Tod und Satan am Werk sind (vgl. Apk 13 und 20,7–10). Ihrer immer neuen Entmachtung gilt das Flehen der christlichen Beter dieses Psalms. Die Bitte von V.17 – sie sollte nicht überlesen werden! – hat dabei den stärksten Akzent zu bekommen. Als allerletzter und allerhöchster Wunsch hat ja erst recht dem Christen zu gelten, daß alle Menschen ‚Gottes Namen suchen'".[10]

Im Horizont dieser Gebetsperspektiven ist auch das Votum des Meißener Bischofs Otto Spülbeck anzusiedeln, das dieser 1965 als Mitglied des „Consiliums" bei der oben skizzierten Diskussion über Beibehaltung oder Streichung der „Fluchpsalmen" im Stundengebet abgegeben hatte:

„Unsere spezielle [E.Z.: politische] Lage fordert, daß das
ganze Psalterium verwendet wird. Da wir uns in einer bösen
Situation befinden, müssen wir Ausdrücke haben, die sich
‚contra diabolum' richten."[11]

Diese Position liegt wohl auch der Entscheidung zugrunde, die in der erneuerten Meßliturgie in der Messe
„Für die Christen, die um des Glaubens willen verfolgt
werden" Ps 83, 19.14 als Antwortpsalm nach der Lesung Apg 4, 23–31 vorsieht. Dieser Textverschnitt ist
nicht nur in sich schon höchst problematisch (wie kann
man z. B. auf die Eingangsklage V.2 des Psalms verzichten?), er zeigt durch die Umstellung der Versab-
folge, daß der Psalm in seiner theologischen Dynamik
(s.u.) nicht verstanden bzw. eben *typisch* christlich mißverstanden ist.

Den eben genannten „positiven" christlichen Rezep-
tionsversuchen von Ps 83 ist gemeinsam, daß sie dem
Psalm seinen konkreten Bezug zu Israel nehmen und
einen allegorisierenden Bezug auf die Kirche herstel-
len. Wo man sich hingegen stärker auf die in 83, 10–16
entfaltete Geschichtstheologie einläßt, spürt man das
Mißbehagen und Unverständnis der Kommentatoren.
Bündig zusammengefaßt ist beides in dem 1955 er-
schienenen Psalmenkommentar der Reihe „The Interpreter's Bible":

„This psalm is an unedifying and tedious catalogue of bloody
violence... These factors are largely responsible for the con-
sensus that regards this psalm as one of the least religious of
all the poems in the Psalter. It is so completely given over to
irritation and vindictiveness that however much credit we may
assign to the pious hope with which it ends, it is all but wholly
lacking in any of the overtones of devotion, trust, and godley
sorrow that redeem the other imprecatory psalms."[12]

Schon ein begrenzter Blick auf die Gebetsdynamik des Psalms kann deutlich machen, daß der Psalm, dessen Schlußsatz in das Gloria der Messe eingegangen ist, eine m. E. unverzichtbare theologische Botschaft hat.

Der nachexilische Psalm ist (explizit oder implizit) durchgängig als appellative Du-Anrede Gottes gestaltet, wobei die anfänglichen drei Vetitive in V.2 und die vier Imperative in V.10.12.14.17 der Du-Anrede eine geradezu kämpferisch-fordernde Dringlichkeit geben: Es ist ein Kampf mit Gott um den Erweis seines Gott-Seins in und für Israel – vor dem Forum der Völkerwelt. Israel macht sich hier zum Anwalt der Sache Gottes selbst, und zwar aus der Erfahrung heraus, daß JHWH und Israel wie die beiden Seiten einer Medaille zusammengehören. Wenn Israel bedroht ist, ist JHWH als Gott Israels bedroht. Wenn Israels Name verschwindet, „verschwindet" JHWH, der Gott Israels. Um es überspitzt zu sagen: In dem Psalm schreit Israel JHWH an, endlich etwas für sein eigenes „Überleben" zu tun. Diese Dramatik wird durch die Anfangs- und Schlußzeilen des Psalms sprachlich ausdrucksstark hervorgehoben. Während die beiden Kola von V.2 so gestaltet sind, daß sie von den Gottesbezeichnungen Elohim und El außen gerahmt werden, stoßen die beiden Kola von V.19 innen in ihrer Mitte mit dem Gottesnamen JHWH bzw. dem Gottestitel Eljon aufeinander. Nur in diesen beiden Parallelismen begegnet in jeder Zeile ausdrücklich die Nennung Gottes, wobei der Vorgang des Gotteserweises, der eingeklagt wird, sehr kunstvoll zusammengefaßt wird: Als der schweigende Gott heißt er „Elohim" und „El", ist er gewissermaßen ein ferner Gott, eine namen- und gesichtslose Gottheit; er ist sozusagen untergetaucht in die Götterwelt der Völker. Schlimmer noch: Die Völker sind schon drauf und dran, ihn abzuschaffen, ja ihn zu vernichten. Deshalb bedrängt ihn Israel in diesem Psalm mit extremen Bildern seiner Ängste und mit Erinnerungen seiner konstitutiven Gottesgeschichte, doch endlich die Gottesferne und Gottesmüdigkeit aufzuheben und sich in „seinem Namen" JHWH zu offenbaren, der sein partikulares und universales Gott-Sein zugleich (V.19) benennt. Diesem Schrei Israels, JHWH möge aus seiner gefährlichen Selbstvergessenheit erwachen, sind alle Aussagen des Psalms untergeordnet, auch die sogenannten Fluch- und Vernichtungswünsche. Die Passion dieses Psalms ist das Leiden Israels an seinem Gott, ja ein schmerzvolles Gott-Vermissen – angesichts der ambivalenten Geschichtserfahrungen, die der Psalm aus dem kollektiven Gedächtnis Israels erinnert und beschwört.

Der Psalm ist, worauf auch das „Sela" am Ende von V.9 aufmerksam macht, deutlich in zwei Teile gegliedert. Der erste Teil (V.2–9) ist Klage und Protest gegenüber einem Gott, der ungerührt, unbetroffen oder gar ohnmächtig das gegen ihn und gegen sein Volk gerichtete Treiben der Völkerwelt hinnimmt. Die Klage setzt mit der sich dreifach steigernden Vetitivfolge ein, in der sich die ganze Gottesfinsternis Israels verdichtet hat: Daß JHWH redet, handelt, sich betreffen läßt, kurz: daß er ein lebendiger Gott ist, der in und mit seinem Volk lebt, das gehört doch zur Kernaussage des überkommenen Glaubens Israels – und gerade sie wurde und wird durch die Geschichte Israels als unwahr und irrelevant erwiesen, wie in dem Begründungssatzgefüge V.3–9 plastisch entfaltet wird. Dieses Gefüge besteht seinerseits aus den zwei Abschnitten V.3–6 und V.7–9.

Der Abschnitt V.3–6 beklagt in einer chiastischen Komposition das gegen JHWH und sein Volk gerich-

tete Planen der feindlichen Völker (V.3: gegen
JHWH; V.4–5: gegen JHWHs Volk; V.6: gegen
JHWH). Die feindlichen Aktionen werden einerseits
mit personhafter Metaphorik beschrieben: die Feinde
„hassen", „erheben das Haupt", „beraten sich", reden
untereinander, haben ein „Herz" und einen „Arm".
Dementsprechend ist auch der transzendente JHWH
so immanent-gestalthaft vorgestellt, daß er geradezu
als Person bedroht und gefährdet erscheint: „gegen
dich schließen sie einen Bund" (V.6b). Andererseits
gibt das erste Verbum „toben", das aus der Sprache
des Chaoskampfes stammt, der ganzen Aktion eine
mythische Dimension, mit der die elementare und
fundamentale Bedeutung des hier geschilderten Kon-
fliktes ausgedrückt wird.

Daß es nicht um einen punktuellen Kampf gegen Israel, sondern um den mythischen Völkersturm gegen
JHWH und dessen an Israel gebundenes Gott-Sein
geht, kommt sowohl in der den Völkern in den Mund
gelegten Verschwörungsrede V.5 als auch in der die Beschreibung zusammenfassenden Formulierung „sie
schließen einen Bund" (V.6b) zum Audruck, die als ge-
zielte Opposition gegen die als „Bund" vorausgesetzte
Beziehung JHWH-Israel gewählt ist. Schon in diesem
kurzen Abschnitt des Psalms wird die besondere Gotteszeugenschaft Israels sichtbar: Da Israel einem in der
Geschichte handelnden Gott glaubt, muß es ihn sprachlich und bildhaft so stark in diese Geschichte hineinzie-
hen, daß seine Gestalthaftigkeit in einem Maße
elementar-konkret wird, daß sie von dieser Geschichte
nicht zu trennen ist. Das ist die eigentliche Herausforderung der jüdisch-christlichen Gottesbotschaft, die in
den „Fluch- und Vernichtungsbitten" unseres Psalms
bis ins scheinbar Unerträgliche gesteigert wird. Für
Christen, die den Immanenzbezug des Handelns Got-

tes auf das unter dem Aspekt der Geschichte vergleichsweise bescheidene Leben und Sterben Jesu konzentriert
haben, ist eine solche komplex-konkrete „Inkarnation"
Gottes in der Geschichte Israels verständlicherweise
eine Herausforderung[13], wie die oben skizzierte Diskussion um „die Fluchpsalmen" belegt.

Wie radikal unser Psalm die Infragestellung des
Gott-Seins JHWHs durch die Geschichte empfindet
und deutet, ist auch an dem kunstvoll gestalteten Ta-
bleau der Feindvölker abzulesen, das sich als zweiter
Abschnitt (V.7–9) anschließt und die Akteure der
in V.3–6 beklagten Verschwörung benennt. Gegenüber
den in der Exegese immer wieder unternommenen Versuchen, diesen Abschnitt auf eine einmalige historische
Konstellation hin auszulegen, muß festgehalten werden: Schon allein von der poetisch-symbolischen Kon-
figuration des Abschnitts her ist angezeigt, daß es um
die katastrophische Seite der Geschichte Israels überhaupt geht. Die genannten Völker- und Stammesna-
men stehen emblematisch für die von Israel in seiner
Geschichte als feindlich erlebte und befürchtete Völkerwelt, in deren Mitte es lebt. In formaler Hinsicht
weist dieses „Völkertableau" fünf interpretatorisch re-
levante Eigenheiten auf: (1) Es werden 10 Völker ge-
nannt, womit bereits deutlich ist, daß es um eine
Totalität geht, also um eine Art Geschichtsbilanz. (2)
Die Zehnerreihe ist in sprachlich-stilistischer Hinsicht
in die Folge 9 + 1 gegliedert. Nach der nominalen
Reihe der Namen von V.7–8 ist Assur als 10. Glied
in V.9 syntaktisch abgesetzt. Diese Geschichtssumme
weiß also um zwei Ebenen der Geschichte: da sind die
kleinen Akteure, die ihrerseits wieder von einem großen Akteur gestützt und getrieben werden. (3) Die An-
ordnung der neun kleinen Völker folgt einem geogra-
phischen Schema, das Israels bedrohliche Umklamme-

rung von Osten und Westen her evoziert. (4) Die Auswahl der Namen ist offensichtlich eine Anspielung an die Überlieferungen, die von Israels Weg in das Verheißene Land und von der Seßhaftwerdung im Land erzählen. (5) Daß gerade neun Namen zu einer Gruppe gebündelt werden, hängt wahrscheinlich mit der in der ägyptischen Ikonographie und Staatstheologie vielfach bezeugten Vorstellung von der „Neunheit" der Völker und von den „neun Bogen" zusammen, die alle dem ägyptischen König unterworfenen feindlichen Völker symbolisieren. Wenn unser Psalm also die Revolte dieser Neunergruppe feindlicher Völker beklagt, beschwört Israel damit JHWHs Rolle als Bändiger des Chaos zugunsten des Kosmos.

In drei Anläufen fordert der zweite Teil (V.10–19) das Handeln JHWHs ein, wobei sich die Intensität des erflehten Gotteserweises sowohl in der Bildsprache wie in der Verwendung der Gottesbezeichnungen steigert: V.10–13 erinnert mit Anspielungen auf Ri 4–8 das „uranfängliche" Handeln JHWHs an den Feinden Israels, wobei ein expliziter Gottesbezug nur in der als Zitat gestalteten Rede der Feinde gegeben ist; die verwendeten Bilder konkretisieren nicht das Handeln JHWHs, sondern das Schicksal der Feinde. Demgegenüber bringt der nächste Abschnitt V.14–16, der betont mit der Gottesanrede „mein Elohim" einsetzt, Bilder aus dem Sprachspiel der (Natur-)Theophanie, wobei die enklitischen Personalsuffixe der 2. Person Singular in V.16 den personhaften Aspekt des Kommens Gottes vorbereiten, der dann im abschließenden Abschnitt V.17–19 mit der zweimaligen Nennung des JHWH-Namens als pointierte Aussage begegnet. Die Bilder dieses letzten Abschnittes, die konventionierte Psalmensprache aufgreifen, zeichnen die Konfrontation zwischen JHWH und den Feindvölkern als eine personhafte Begegnung, die zur (An-)Erkenntnis JHWHs durch die Völker und damit zu einem Ende der im Psalm beklagten Leidensgeschichte Israels führen wird. Gerade diese Steigerung der Bildsprache und der Offenbarungsweise JHWHs müssen beachtet werden, damit die „Vernichtungsbitten" des Psalms recht verstanden werden.

Es sind Bilder *für* Gott, d. h. Metaphern, die JHWH mit der Erinnerung an seine eigene konstitutive Geschichte mit Israel bedrängen und als Metaphern ihm zugleich die Erfüllung dieser Bilder anheimstellen. Gerade die vordergründige und als unerträglich mißverstandene Widersinnigkeit der biblischen Gott-Metaphern will einen „semantischen Schock"[14] auslösen, der zu neuem Gotteswissen hinführt. Es kommt darauf an, sich der Unverträglichkeit und der Unerträglichkeit der biblischen Gottesmetaphorik auszusetzen, um die komplexe Gottes-Wahrheit nicht durch begriffliche Festlegungen zu verfehlen oder zu zerstören. Die Gott-Metaphern ermöglichen, ja fordern mit ihrer das Gewohnte und Selbstverständliche überschreitenden Sprachkraft eine Geschichte neuer, überraschender Gott-Entdeckungen, weil die Geschichte selbst diese Gottesprädikationen immer neu in Frage stellte und zugleich neue Realisierungen bzw. Verstehensweisen anbot. Die Faszination und die Lebendigkeit der Glaubensgeschichte Israels „rührt entscheidend daher, ... daß man von der semantischen Unverträglichkeit der zentralen Gott-Metaphern nicht in das schnelle Verstehen oberflächlicher Korrespondenzen auswich und das Verstehenwollen nicht aufgab, als die oberflächliche Entsprechung zerbrach."[15]

Das leidenschaftliche Festhalten Israels an der Gottes-Wahrheit als Suche nach neuen Gotteserfahrungen spricht sich vor allem in der Montage von

Gott-Metaphern aus, die in ihrer Kombinatorik den „semantischen Schock" noch steigern, wie dies in den drei Abschnitten V.10–13.14–16.17–19 der Fall ist. Die Dramatik verstärkt sich hier, weil die metaphorische Rede als Gebet bzw. als Gottesappell gestaltet ist. So sind die in V.10–19 kombinierten Gott-Metaphern in einem doppelten Sinn Bilder für Gott: Sie benennen zum einen die im kollektiven Gedächtnis gesammelten Gotteserfahrungen und wollen ihre Wahrheit neu erfassen, gerade angesichts ihrer Infragestellung durch die Geschichte; mit ihnen mutet sich Israel gewissermaßen selbst zu, das mit JHWH und mit seinem Gerechtigkeit schaffenden Kommen bislang metaphorisch Zusammengebrachte umzubauen und neu zu erlernen.

Und zum anderen sind es Bilder, die JHWH appellativ entgegengehalten werden, damit er das in ihnen evozierte Gottespotential neu ausschöpft – um seiner eigenen Wahrheit willen. Die Spannungen und Widersprüche, die in der Metaphernmontage von V.10–19 zwischen den einzelnen Elementen bestehen, dürfen deshalb weder literarkritisch aufgelöst noch theologisch auf eine einzelne Aussage hin nivelliert werden. Vor allem darf der dritte Abschnitt nicht als orthodoxe Abschwächung mißverstanden werden. Er bedrängt JHWH, daß er, der Gott Israels, sich zugleich und endlich als der Eljon, d. h. der Chaoskämpfer vom Zion her, erweisen soll – wie es seinem „Namen" JHWH entspricht, dessen schützend-rettende Macht der Psalm mit seiner metaphorischen Evokation von JHWH als dem Kriegsgott der Anfangsgeschichte Israels einklagt. Die metaphorische Einspielung der Erzählungen von der Rettung Israels vor den Kanaanäern und Midianitern, die Israel sein Gottesland wegnehmen wollten, drängt nicht auf die naive Wiederholung dieser Kriege (das würde JHWH seine Geschichtsdimension nehmen und zur mythischen Götterfigur machen!); das Metaphernfeld, mit dem der Psalm arbeitet, ist vielmehr die Kombination von Epiphanie (V.10–16) und Theophanie (V.17–19), die zur JHWH-Erkenntnis *aller* Völker hinführen – und darin zur Rettung Israels. In dieser Zielperspektive ist der Psalm eine Realisierung von Gotteszeugenschaft durch Israel, die Israel selbst verändert und die auf die Veränderung der Völker hinwirken will – in einer Situation, in der die überkommene Rede von JHWH als dem Retter- und Schützergott, als dem universalen Garanten von Recht und Gerechtigkeit durch die Realitäten der Geschichte widerlegt zu sein schien. Daß und wie Israel sich angesichts dieser leidvollen Situation sein Gotteszeugnis herauspreßt, ist sein mächtig-ohnmächtiger Schrei zu und für Gott. Es ist ein Schrei, der Kraft zur Hoffnung gibt, daß JHWH sich in und durch Israel in dieser Welt als Gott erweist: In diesem Gotteszeugnis Israels, das im extremsten Gotteszweifel seinem Gott JHWH alles übergibt, bezeugt sich Gottes Gerechtigkeit als Liebe zu den Bedrängten und Verfolgten.

Welche inhaltlichen Dimensionen im Gotteszeugnis des 83. Psalms mitschwingen und was dies für die Frage nach der christlichen Rezeption des Psalms bedeutet, müßte breiter entfaltet werden. Für unsere Fragestellung und für die theologische „Wertung" des Psalms sind folgende Gesichtspunkte wichtig:

(1) Der Psalm spielt am Anfang und am Ende, als eine Art Rahmung, den Schlußvers des Deboralieds (Ri 5,31) ein; daß der Psalm die Überlieferung von Ri 4–5 aufgreift und metaphorisch aktualisieren will, sagt er auch selbst in V.10. Die Korrelation mit Ri 5 gibt unserem Psalm mehrere Konnotationen: Die den Psalm eröffnenden Vetitive sind dann als Schrei nach

dem aus Sinai kommenden Rettergott zu hören, auf dessen Epiphanie auch die Motivverwandtschaft zwischen Ri 5, 4 f.20 und Ps 83, 14–16 hinweist. Andererseits läßt der Vergleich mit Ri 5 das veränderte theologische Profil von Ps 83 scharf hervortreten, insofern V.19 als ausdrückliche Fortschreibung des Schlusses von Ri 5 zu lesen ist: Das Offenbarwerden des Sinaigottes zielt gewiß auf die Rettung Israels als des Gottesvolks (vgl. Ps 83, 4 f mit Ri 5, 11.13), aber darin und noch mehr auf die Verwandlung der feindlichen Völker. Der auch durch die Kompositionsstruktur des Psalms hervorgehobene Kontrast zwischen V.3 und V.19 zeigt an: Der Psalm erhofft nicht mehr das Ende der Gottesfeinde, sondern das Ende der Gottesfeindschaft. Der *Völkersturm* gegen JHWH und sein Volk (V.2–4) wandelt sich durch das Eingreifen JHWHs zur *Völkerwallfahrt* (V.17b) und *Völkerhuldigung* (V.19). Dieser grundlegenden Dynamik sind alle anderen sperrigen Einzelaussagen des Psalms interpretatorisch unterzuordnen.

(2) Ps 83 ist nicht nur in motivlicher Hinsicht mit Ps 46–48 vielfach verwandt. Er ist insbesondere in seiner Geschehensstruktur so stark an Ps 46 orientiert, daß er als Einklagung der im Vertrauenspsalm Ps 46 entworfenen Vision vom Anbrechen der universalen Friedensherrschaft JHWHs zu lesen ist.[16]

(3) Unser Psalm entspricht in seiner Geschehensstruktur, worauf auch die Kommentare in der Regel aufmerksam machen, dem 2. Psalm, dessen Metaphernmontage ähnlich kontrastiv-spannungsreich ist; zwischen beiden Psalmen gibt es sogar mehrere Stichwortbezüge.[17] Ob und wie die Verwandtschaft der beiden Psalmen im Sinne einer entstehungsgeschichtlichen Abhängigkeit zu erklären ist, kann hier nicht weiter diskutiert werden. Für das theologische Ver-

ständnis von Ps 83 ist aber bedeutsam, daß auch Ps 2 seine Gewaltmetaphorik einsetzt, um Israel und die Völker unter die Königsherrschaft JHWHs zusammenzuführen.

(4) Ps 83 steht auch im Hintergrund der in Ps 100 als Abschluß der JHWH-König-Psalmen 93–99 hymnisch entworfenen Vision, die Israel und die Völker in der gemeinsamen Gotteszeugenschaft für den Sinaigott verbindet. Ps 100 kann geradezu als fortschreibende Exegese von Ps 83,17–19 verstanden werden.

(5) Der Ps 83 (mit-)eröffnende Appell „schweige nicht (länger)!" greift in der kanonischen Lektüre zurück auf den ersten Asafpsalm 50,3: „Unser Gott kommt und schweigt nicht". Die in Ps 50 angesagte Theophanie JHWHs, der sein Gottesrecht seinem Volk verkündet und es inmitten seines Volkes im Gericht aufrichtet und durchsetzt – und zwar auf der Bühne des Universums (Ps 50,2) –, wird im Asafpsalm 83 als ein sich den auf dieser Bühne lebenden Völkern mitteilendes Geschehen konkretisiert. Der Spannungsbogen von Ps 50 nach Ps 83 interpretiert dann zugleich, was die in Ps 83,17.19 eingeforderte JHWH-Erkenntnis der Völker meint: Annahme des am Sinai geoffenbarten und von Zion ausgehenden Gottesrechts.

(6) Daß Ps 83 nicht als Ausdruck nationalistischer oder triumphalistischer Machtgelüste mißverstanden werden darf, schärft der mehrfache Stichwortbezug von Ps 83 nach Ps 73 ein, der ein sensibles Zeugnis von Israels Leiden an seinem Gott – und von der dennoch in Israel lebendigen Gottessehnsucht ist.

(7) Als Schlußpsalm der 12 (!) Asafpsalmen (Ps 50.73–83) gelesen erweist sich Ps 83 in einem sehr pointierten Sinn als „Theodizeepsalm". Dies geschieht freilich nicht, indem er Gott „rechtfertigt", sondern indem er Gottes Gerechtigkeit so einklagt, daß er JHWH

selbst das sein Gott-Sein bedrohende Unrecht entge-
genschreit – und diesen Anschrei JHWHs als Metapher
der Hoffnung daraufhin vollzieht, daß auch JHWH
selbst dieses Unrecht nicht hin- und annehmen wird.

5. Psalm 137: Was den Ohnmächtigen bleibt

1a   An Babels Kanäle
1b   dort setzten wir uns und weinten,
1c   als wir Zions gedachten.
2a   An die Pappeln in seiner Mitte
2b   hängten wir unsere Leiern.
3a   Denn dort verlangten unsere Zwingherren Lieder
3b   und unsere Peiniger Freude:
3c   „Singt uns eines der Zionlieder!"
4a   Wie könnten wir ein JHWH-Lied singen
4b   auf dem Boden der Fremde?
5a   Wenn ich dich vergesse, Jerusalem,
5b   so soll meine Rechte sich vergessen,
6a   meine Zunge soll an meinem Gaumen kleben,
6b   wenn ich deiner nicht mehr gedenke,
6c   wenn ich nicht Jerusalem setze
6d   an den Gipfel meiner Freude.

7a   Gedenke, JHWH, den Söhnen Edoms
7b   den Tag Jerusalems.
7c   Sie sprachen: „Reißt nieder, reißt nieder
7d   bis auf ihren Grund!"
8a   Tochter Babel, du Gewalttätige:
8b   Selig, wer dir vergilt
8c   deine Taten, die du uns angetan!
9a   Selig, wer ergreift und zerschmettert
9b   deine Kinder am Felsgestein!

Der in der Exilssituation entstandene 137. Psalm gilt als
„Gewaltpsalm" par excellence, der zumindest in seiner
textlichen Vollgestalt christlich abzulehnen ist (auch
wenn sein Anfang in den christlichen Zitatenschatz ein-

gegangen ist und durch die Vertonung der Gruppe Boney M. vor Jahren ein „Ohrwurm" jugendlicher Disco-Musik war). Selbst Alfons Deissler beschließt seine insgesamt einfühlsame Auslegung dieses Psalms so:

> „Ps 137 ist eines der ergreifendsten und dichterisch besten Lieder des Psalters. Wenn man sich ganz in die Lage der damaligen Beter versetzt, geht das Herz mit – und plötzlich wird sogar noch der skandalöse Schlußvers im Horizont von damals psychologisch begreiflich. Aber im Nachvollzug sich in ihn hineinbegeben darf der Christ niemals. In Lk 9, 54 f. setzt Jesus eine unüberschreitbare Grenze: Die Jünger dürfen nicht Feuer vom Himmel auf Gegner herabrufen. Für die Verfolger beten, nicht ihnen fluchen, lehrt ohne Umdeutemöglichkeit Jesu Wort und Beispiel (Mt 5, 44; Lk 23, 34; vgl. Röm 12, 19 f.) Darum sollte der Schlußvers (8) von Ps 137 aus dem Psalter des neuen Gottesvolkes gestrichen werden. Auch Apk 18, 2–8 rechtfertigen ihn nicht als Gebetswort der irdischen Kirche."[18]

Freilich, die Streichung von V.8 f würde nicht nur die literarische Struktur des Psalms zerstören, sondern nimmt dem Psalm auch einen wesentlichen Schlüssel zum rechten und theologisch akzeptablen (!) Verständnis seiner Gewaltperspektive. In V.8 f geht es nicht, wie die vorschnelle Streichung unterstellt, um die „Seligsprechung" von Kindermördern, sondern um den leidenschaftlichen Schrei der Ohnmächtigen nach Gerechtigkeit!

Psalm 137 ist nicht das Lied von Menschen, die die Macht zur gewalttätigen Änderung ihrer Leidenssituation haben. Er ist auch nicht das Kampflied von Terroristen. Er ist vielmehr der Versuch, an der geschichtlich gewordenen Identität festzuhalten, obwohl eigentlich alles dagegen spricht. Und er ist noch mehr der Versuch, angesichts tiefster Erniedrigung und Hilflosigkeit den urmenschlichen Hang zur Gewalt in der eigenen Brust niederzuringen – indem *alles* Gott übergeben wird. Und zwar einem Gott, dessen Richterspruch als so universal-gerecht vorausgesetzt wird, daß sich auch die Psalmenbeter dieser Gerechtigkeit unterstellen.

Der Psalm gliedert sich in zwei Teile: In V.1–6 beklagen die Beter den ureigenen Konflikt, in den sie die Situation in der babylonischen Fremde gestürzt hat. In einer Momentaufnahme wird die strukturelle Gewalt und der Spott ihrer „Zwingherren", aber auch die ganze Widersprüchlichkeit ihrer Situation widergespiegelt. Ihre „Peiniger" verspotten sie mit den „Zionsliedern", in denen sie ehedem JHWH als den Schützer des Zion und der auf Zion lebenden Menschen besungen hatten (vgl. Ps 46 48). Ihre babylonische Verschleppung und die Zerstörung Jerusalems („der Tag Jerusalems": vgl. V.7) ist in den Augen der Babylonier der klare Gegenbeweis gegen das in diesen Liedern besungene innige Verhältnis JHWHs zu Zion. In dieser Situation „Zionslieder" zu singen, wäre glatter Hohn. Nun ist eigentlich Gotteszweifel angesagt. Und doch halten sie an JHWH und seinen Zusagen für Zion fest. Woran auch sollten sie sich sonst festhalten? Freilich: Dieses Festhalten müssen sie sich mühsam abringen, wie V.5–6 zeigt. Gegen die Macht der Realität und gegen ihre eigene Ohnmacht setzen sie den Gestus des Schwurs, der *alles* von JHWH erhofft und sich *ganz* ihm überläßt. Dies nämlich ist die Bedeutung des Abschnitts (V.5–6): „Beim Schwur muß der Schwörende als symbolischen Gestus mit der Hand fest an seinen Hals fassen und dabei seine Worte aussprechen. Falls der Psalmist Jerusalem vergißt, wird sich augenblicklich bei dem Schwur die Hand des Schwörenden vergessen und den Hals zudrücken. Die Folge wird Ersticken sein,

was im Psalm in der realistischen Beschreibung eines
Erstickenden zum Ausdruck gebracht wird, dessen
Zunge am Gaumen klebt."[19]

Mit der Beschwörung ihrer bedingungslosen Bindung an JHWH und an Jerusalem appellieren die Beter
des Psalms dann im zweiten Teil, der sich sprachlich
deutlich abhebt, an JHWH, doch auch seinerseits seine
Selbstbindung an sein Volk und an seine Stadt Jerusalem als geschichtliche Wirklichkeit zu erweisen – durch
die öffentliche Wiederherstellung der von Edom und
Babylon mißachteten, zerstörten Rechtsordnung
(V.7–9).

Für unsere Reflexion sind folgende Gesichtspunkte
wichtig:

(1) Konstitutiv für den ganzen (!) Psalm ist seine
Theozentrik. Thema der Klage ist nicht die äußere Not
der Deportierten, sondern die Angst, JHWH habe
seine Bindung an Zion aufgekündigt – oder gar die
Angst, die von Zion / Jerusalem aus offenbar gewor-
dene Gottes-Wahrheit JHWHs sei durch die Macht der
Babylonier als Lug und Trug erwiesen worden. Deshalb ist auch Thema des Hilferufs und der Seligpreisung im 2. Teil nicht die Zukunft Israels, sondern die
geschichtliche Erfahrung, daß weder der Bruderverrat
Edoms noch die Brutalität Babylons das letzte Wort
sein dürfen. Der Psalm gehört von daher zur Gruppe
der „Theodizeepsalmen". Freilich geht es nicht um eine
nachträgliche Rechtfertigung Gottes, sondern um die
Anklage, daß der status quo der geglaubten und erhofften Gottes-Wahrheit widerspricht – und deshalb nicht
hingenommen werden kann. Wer, wie die „Liturgiereformer", nur V.1–6 als „christlich" verantwortbaren
Psalm beten oder singen lassen will, nimmt dem Psalm
seine theozentrische Dynamik, die wesentlich an der
Gottesanrufung in V.7–9 hängt. Erst durch V.7

wird der Psalm ja auch sprachlich-literarisch ein *Gebet zu Gott*!

(2) Der ganze Psalm ist von Rechtskategorien und Rechtsvorstellungen geprägt. Entgegen dem spontanen Eindruck ist er weder von Haßgefühlen noch von der Irrationalität der Rache her entworfen. Schon der erste Teil des Psalms beschwört mit dem talionisch formulierten Schwurgestus die grundlegende Rechtsordnung, die von JHWH gesetzt und geschützt wird – und der sich die Beter selbst unterstellen. Und noch mehr gilt dies von dem besonders schwierigen Abschnitt V.8–9. Hier evoziert schon die Form der weisheitlichen Seligpreisung die Vorstellung der konnektiven Gerechtigkeit (des sog. Tun-Ergehen-Zusammenhangs), die die Grundlage nicht nur des sozialen Zusammenlebens der Individuen, sondern vor allem der Völker ist. Um die öffentliche Wiederherstellung der Weltordnung geht es in V.8–9. Wenn heute völkerrechtliche Sanktionen gegen Aggressoren und Staatsterroristen gefordert und durchgesetzt werden, hat dies ebensowenig mit „Rache" zu tun wie der Schrei von V.8–9 nach einer Macht, die Babylon in die Schranken weist.

(3) Der Psalm ist der poetisch-emotionale Ausdruck des Gotteszweifels und der vitalen Ängste der Deportierten. Er lebt voll *von* und *in* seinen Bildern, die *als solche* und eben nicht als politische Strategien wahrgenommen werden müssen. Gerade in dem für uns auf den ersten Blick so erschreckenden Bild von V.9 spricht sich zunächst das Erlebnis der Ohnmacht Israels (!) aus, die dieses Volk angesichts der Brutalität der babylonischen Kriegsmaschinerie und der hinter ihr stehenden Weltherrschaftsideologie sehr real erfahren hat. Dieser Übermacht der Gewalt setzt Ps 137,8f die Hoffnung entgegen, daß es einen Umsturz der Macht

gibt – aber *nur so*, daß diese Übermacht der Gewalt ein
für allemal ein Ende hat. Es ist außerordentlich wichtig:
Der Psalm betet *nicht* darum, daß Israel und Babylon
einfach die Rollen tauschen (wie dies beispielsweise im
Magnifikat der Fall ist: vgl. Lk 1, 52). Nein, es geht –
ganz in der Theozentrik des Psalms verbleibend – um
den Erweis der Gerechtigkeit gerade gegenüber einer
Macht, die ihre die Völker bedrückende Gewalt als
Recht ausgibt.

(4) Ps 137 ist ein politischer Psalm: Es geht um das
Ende der Terrorherrschaft Babylons. Das ist auch
hinsichtlich des Bildes von den Kindern der Tochter
Babel, die am Felsgestein des Straßenpflasters der
Hauptstadt Babel zerschmettert werden sollen, bedeutsam. „Die Kinder" sind die Kinder des Königs-
hauses, d. h. der Dynastie (vgl. Jes 7, 14–16; 9, 1–6).
Das grausame Bild meint: Diese Dynastie des Terrors
soll vollends („mit Stumpf und Stiel") ausgerottet
werden. Zur Frage einer alternativen Übersetzung
von Ps 137, 9 werden wir im letzten Kapitel einige
Überlegungen anstellen (vgl. V).

(5) Der Schrei nach dem die gerechte Weltordnung
schützenden Gott hat für die Beter von Ps 137 seine
Verwurzelung in der Erinnerung an die in der Geschichte erfahrene Liebe JHWHs zu Zion / Jerusalem /
Israel. Die leidenschaftliche Sprache des Psalms ist deshalb Ausdruck leidenschaftlicher Liebe – und kann eigentlich nur von Liebenden verstanden und nachvoll-
zogen werden. Wer die Sehnsucht der Liebe mit einem
Handlungskonzept verwechselt, wird Ps 137 nie verstehen.

6. Psalm 44: Verwandlung des Bildes vom gewalttätigen Gott

Es gibt im Psalmenbuch mehrere Psalmen, in und mit denen Israel sich der Problematik eines allzu gewalttätigen Gottesbildes so intensiv ausliefert, daß ihm dabei dieses Gottesbild buchstäblich zerbricht und sich in ein neues verwandelt. Nach traditioneller exegetischer Methodik läßt sich dieser Prozeß einerseits diachron als geschichtlich sukzessiver Lernprozeß nachzeichnen, der durch katastrophische Erfahrungen ausgelöst ist, in denen Israel selbst Opfer von Gewalt wurde. Andererseits kann man diese Psalmen aber auch synchron so lesen, daß sich in ihnen die bleibende Komplexität der Gottesrede widerspiegelt, insofern ein Gott der Liebe ohne Macht eben nur ein ohnmächtiger Gott wäre, der die Ohnmächtigen der Gewalt der Gewalttätigen überlassen müßte – und so nur zur Resignation „motivieren" würde.

Paradigma einer solchen Metamorphose des Gottesbildes ist das Volksklagelied Ps 44. In ihm sind – diachron gesprochen – zwei Textschichten erkennbar, an denen der Lernprozeß miterlebt werden kann, dem Israel sich aussetzte, als es in den katastrophischen Erfahrungen der Zerstörung Jerusalems, des Verlustes eigenstaatlicher Macht, der aufgezwungenen Fremdherrschaft, der inneren Konflikte und des tiefen Gotteszweifels dennoch die Kraft fand, an seinem scheinbar ohnmächtigen, weil den Göttern Babylons offensichtlich unterlegenen Gott JHWH festzuhalten und auf seine Liebesbeziehung zu Israel zu hoffen.

Die Grundschicht von Psalm 44 (V.2–9) stammt noch aus vorexilischer Zeit und setzt voll auf den Gott, der seine Göttlichkeit als Kriegs- und Siegesgott für Israel erwiesen hat und nun wieder erweisen soll.

Der Psalm beginnt mit der Erinnerung der Anfänge der Beziehung JHWH–Israel:

2a	Gott, mit unseren Ohren haben wir gehört,
2b	unsere Väter haben uns erzählt:
2c	Ein Werk hast du gewirkt in ihren Tagen,
2d/3a	in den Tagen des Uranfangs, du, ja du mit deiner Hand.
3b	Völker hast du vernichtet, sie aber eingepflanzt,
3c	du zerschlugst Nationen, sie aber ließest du sich ausbreiten.
4a	Ja, nicht mit ihrem Schwert haben sie das Land in Besitz genommen,
4b	und nicht ihr Arm hat ihnen Rettung gebracht,
4c	sondern deine Rechte und dein Arm
4d	und das Licht deines Angesichtes, denn du hattest Gefallen an ihnen.

Ein schrecklich kraftstrotzendes Bild wird hier von der Entstehung Israels in Kanaan gezeichnet. Mit eigener Hand hat der Gott Israels dieses Land wie einen Wald kahlgeschlagen, um dann Israel als neue Pflanzung anzulegen und ihm mächtiges Wachstum zu verleihen (vgl. auch Ps 80, 9–12). Diese Anamnese ist das Fundament für die dann folgende Bitte:

5a	Du, ja du, mein König, bist Gott:
5b	Biete auf die Rettungen Jakobs!
6a	Mit dir stoßen wir unsere Bedränger nieder,
6b	mit deinem Namen zerstampfen wir unsere Widersacher.
7a	Ja, nicht auf meinen Bogen vertraue ich,
7b	und mein Schwert bringt mir nicht Rettung.
8a	Ja, du hast uns gerettet aus unseren Bedrängern,
8b	und die, die uns hassen, hast du schamrot werden lassen.

Mit der Hilfe dieses Super-Gottes und in seiner Kraft wollen die Beter des Psalms wie ein Stier mit den Hörnern die sie bedrängenden Feinde zu Boden stoßen und mit den Füßen zertrampeln (vgl. Dtn 33,17; 1 Kön 22,11; Ez 34,21 und insbesondere Ps 60,14). Und mit einem abschließenden Lobgelübde rufen sie ihrem Gott ins Gedächtnis, wieviel von der Erfüllung dieser Bitte auch für seine göttliche Existenz abhängt:

9a Wir haben dich als Gott immer gerühmt,
9b und wir haben auch vor, deinen Namen zu preisen bis
    ans Ende der Zeiten.

Die Geschichte hat, wie wir wissen, diese Bitte, mit der das Israel des ausgehenden 7. Jahrhunderts seinen Gott bestürmte, nicht erfüllt. Schon der große Reformator König Joschija wurde im Verteidigungskampf von ägyptischer Hand getötet (vgl. 2 Kön 22,29). Vor allem aber brach das, was Israel den Feinden antun wollte, mit der Katastrophe von 587 v. Chr. über es selbst herein und stürzte es in eine tiefe Identitäts- und Gotteskrise, in der die Erkenntnis reifte: Die Geschichte des Gottes JHWH mit seinem Volk ist offenbar nicht die ständige Aktualisierung von Machttaten, gar die Definition seiner Göttlichkeit durch die Vernichtung „der Völker". Das ist zumindest die Einsicht, zu der jene exilischen Kreise vorstießen, die die vorexilische Grundschicht des 44. Psalms zu einem neuen Psalm erweiterten und ausgestalteten. Der theologische Durchbruch gelang ihnen, weil sie sich einerseits der Realität der Katastrophe stellten und weil sie andererseits diese gerade im Festhalten an dem ihnen unbegreiflich gewordenen Gott durchstehen wollten.

Sie ziehen eine nüchterne Bilanz. Trotz des Lobpreises für den mächtigen Gott mußten sie erfahren:

10a Doch du hast uns verstoßen und uns Schmach angetan!
10b Du ziehst (offensichtlich) nicht in den Krieg mit unseren Heeren.

Das ist die Erkenntnis, die eineinhalb Jahrhunderte früher der Prophet Jesaja unablässig, aber vergeblich gepredigt hatte: JHWH ist kein Gott der Kriege und alles Setzen auf Macht ist Götzendienst. Nun muß Israel diese Wahrheit in einem schmerzlichen Prozeß lernen:

11a	Du läßt uns rückwärts wenden vor unserem Bedränger,
11b	und die, die uns hassen, plündern (uns aus) für sich,
12a	du gibst uns dahin wie Schafe zum Verzehr
12b	und unter die Völker zerstreust du uns,
13a	du verkaufst dein Volk um ein Nichts
13b	und mühst dich nicht um einen höheren Preis für sie,
14a	du machst uns zu Hohn für unsere Nachbarn,
14b	zu Gelächter und zu Spott für die, die um uns herum wohnen,
15a	du machst uns zum Spottlied bei den Völkern,
15b	zum Kopfschütteln unter den Nationen.
16a	Immerzu ist mir meine Schmach gegenwärtig
16b	und Schamröte bedeckt mein Angesicht,
17a	vor der Stimme, die höhnt und lästert,
17b	vor dem Angesicht des Feinds und des Rachgierigen.

Der Text formuliert außerordentlich scharf: Du, unser Gott, hast dies getan und tust es immer noch! Die ganze Widersprüchlichkeit bringt V.13 auf den Punkt: Gott hat sein eigenes (und einziges) Volk einfach verschleudert, zu einem Spottpreis; er hat sich nicht einmal bemüht, einen Gewinn bei diesem „Geschäft" zu erzielen. Ist ihm sein Volk wirklich nicht mehr wert gewesen? Ist er sich selbst nicht mehr wert? Was ist das für ein Hirte, der seine Schafe so fürsorglich aufzieht, um sie dann überall zum Verzehr für Mensch und Tier zu verschleudern (vgl. Ps 23, 1; 80, 2)?

Doch bleiben die Beter dieses Psalms nicht bei Klage und Anklage stehen. In einem weiteren Abschnitt (V.18–23) suchen sie diese Not tiefer zu ergründen. Sie übernehmen nicht die deuteronomistische Sünden-

und Straftheologie. Ihr Blick geht nicht nur in die Vergangenheit. Für sie ist die Katastrophe vielmehr eine aktuelle Herausforderung, der sie sich jetzt stellen wollen:

18a	Dies alles ist über uns gekommen, und doch haben wir dich nicht vergessen,
18b	und nicht haben wir verleugnet deinen Bund,
19a	nicht weicht unser Herz rückwärts,
19b	und nicht biegen unsere Schritte ab von deinem Pfad,
20a	auch wenn du uns zerschlagen hast am Ort der Schakale
20b	und uns bedecktest mit Todesfinsternis.

Sie wollen an ihrem Gott festhalten, mit all ihrem Denken (V.19a) und Tun (V.19b), auch in dieser Situation der buchstäblichen Verwüstung (V.20a: „Ort der Schakale") und der Gottesfinsternis, die Er über sie gebreitet hat (V.20b). Und so stoßen sie zu einer der tiefsten, aber zugleich schmerzlichsten Aussagen über die Existenz Israels durch:

21a	Wenn wir vergessen hätten den Namen unseres Gottes
21b	und unsere Hände ausgebreitet hätten zu einem fremden Gott –,
22a	würde nicht Gott dies ergründen,
22b	da er doch kennt die Geheimnisse des Herzens?
23a	Ja, deinetwegen werden wir umgebracht immerzu
23b	und wir werden erachtet wie Schafe zum Abschlachten.

Weil Israel in geradezu prophetischer Leidenschaft seine nationale Identität im Gottesbund gesucht hatte, wurde es zum Schlachtvieh (vgl. ähnlich Ps 69, 8; Jer 15, 15; Jes 53, 7). Weil Israel von JHWH als SEIN Volk erwählt ist, an dem er sein Gottsein offenbaren will, muß es leiden. Es muß am eigenen Leib erleben, daß JHWH nicht auf der Seite der Mächtigen und der Sieger steht, sondern auf der Seite der Schwachen und der

Leidenden. In der Entschlossenheit, das Leid auszuhalten und dabei IHN nicht zu vergessen, sogar im Leiden *an* seinem Gott, will und kann Israel, so sieht es unser Psalm, Zeuge dieser gegenüber dem vorexilischen Psalm neuen Gottes-Wahrheit sein. Allerdings: Gerade in dieser Situation braucht das Gottesvolk die Gewißheit, daß das Leid nicht Gottesferne, sondern besondere Gottesnähe ist. Deshalb schreit und klagt der Psalm abschließend mit ungeheurer Intensität um die Erfahrung, von Gott angesehen und angenommen zu sein:

24a   Wach doch auf! Warum schläfst du, Herr?
24b   Erwache doch! Verstoß uns nicht für immer!
25a   Warum verbirgst du dein Angesicht,
25b   vergißt unsere Unterdrückung und unsere Drangsal?
26a   Ja, unsere Seele ist in den Staub gesunken,
26b   unser Leib klebt am Erdboden.
27a   Erhebe dich doch, uns zur Hilfe,
27b   und löse uns aus um deiner Güte willen!

Mit Anspielung auf den Exodus als Auslösung aus der Fremdherrschaft und Todesnot bittet der Psalm um das Ende der Entfremdung zwischen JHWH und seinem Volk. Es ist ein Schrei, der nicht mehr den allmächtigen, sondern den allgütigen Gott sucht. Es ist ein Schrei, der aus leidenschaftlichen Warum- bzw. Wozu-Fragen aufsteigt und die Nähe eines Gottes sucht, der gerade in der Nacht der Sinnlosigkeit und des Leidens da ist und da bleibt. Dieser Schrei kommt aus jener Ur-Bindung, die in Israels Ursprüngen gründet und die sich hier wieder einstellt – freilich als Klage und Bitte: JHWH möge sich erweisen als der Exodusgott, der um das Leid weiß und in ihm mit-leidet. Die ungestüme Frage „Warum verbirgst du dein Angesicht?" gehört zu jenen wahren Fragen, auf die es ankommt, weil sie aus einer unzerstörbaren Verbundenheit der Leidenden mit dem Gott Israels aufsteigen und sich jener Verheißung ausliefern, die Ex 3, 14 tiefsinnig festhält: „Ich-bin-da und ich-werde-dasein", wenn auch anders als die Götter der Völker da sind und anders als du, Israel, es oft und immer wieder willst!

7. Psalm 109: Sie bekämpften mich grundlos – ich aber bin Gebet

1a Für den Chorleiter. Ein Psalm Davids.

1b Gott meiner Lobpreisung schweige nicht!

2a Denn der Mund des Frevels und der Mund des Trugs haben sich gegen mich aufgetan,

2b sie haben gegen mich geredet mit Lügenzunge,

3a ja, Worte des Hasses haben mich umgeben

3b und sie bekämpften mich grundlos.

4a Für meine Liebe feinden sie mich an

4b – ich aber bin Gebet!

5a Sie vergalten mir Gutes mit Bösem,

5b mit Haß meine Liebe.

6a (Sie sagen:) „Setz einen Frevler gegen ihn ein,

6b und ein Widersacher trete an seine Rechte.

7a Aus dem Gericht gehe er als öffentlicher Frevler heraus,

7b und sein Gebet werde als Sünde entlarvt.

8a Seine Tage sollen wenig werden

8b und seine Rolle soll ein anderer bekommen!

9a Seine Kinder sollen zu Waisen werden

9b und seine Frau zur Witwe.

10a Unstet umherirren sollen seine Kinder und betteln müssen,

10b vertrieben sollen sie werden aus ihren Ruinen!

11a Sein Gläubiger reiße all seinen Besitz an sich,

11b und Fremde sollen seine Habe ausplündern.

12a Er finde keinen, der ihm Güte und Treue hielte,

12b und es sei niemand da, der sich seiner Waisen erbarmte.

13a Seine Nachkommenschaft soll ausgerottet werden,
13b   in der nächsten Generation schon sei ihr Name ausge-
         löscht!
14a Die Schuld seiner Väter werde ihm angerechnet bei
     JHWH,
14b   und die Sünde seiner Mutter sei nicht ausgelöscht:
15a Sie seien immerfort vor JHWH gegenwärtig,
15b   und es werde ausgerottet ihr Gedächtnis von der Erde!
16a Denn er hat nie daran gedacht, Güte und Treue zu tun,
16b   er verfolgte den Armen und Elenden,
16c   und den Niedergeschlagenen wollte er umbringen!
17a Er liebte den Fluch – er komme über ihn!
17b   Er hatte keinen Gefallen am Segen – er bleibe ihm fern!
18a Er zog den Fluch an wie sein Gewand,
18b   er drang wie Wasser in sein Inneres ein
18c   und wie Öl in seine Knochen:
19a So sei er ihm zum Kleid, das ihn umhüllt,
19b   und zum Gürtel, der ihn immerfort umschließt!"

20a Dies ist, was meine Widersacher mir von JHWH wün-
     schen,
20b   die Böses reden gegen meine Seele.
21a Du aber JHWH, Adonaj,
21b   tue du an mir, wie es deinem Namen entspricht,
21c   Gut ist doch deine Güte – rette mich!
22a Denn arm und elend bin ich
22b   und mein Herz bebt in meinem Inneren.
23a Wie Schatten, der sich neigt, vergehe ich,
23b   ich werde abgeschüttelt wie eine Heuschrecke.
24a Meine Knie brechen, weil ich nichts mehr esse,
24b   und meines Leibes Fett ist geschwunden.
25a Ja, ich bin ihnen zum Hohn geworden,
25b   sehen sie mich, schütteln sie verachtend ihren Kopf.

26a Hilf mir doch, JHWH, mein Gott,
26b   rette mich doch gemäß deiner Güte,
27a auf daß sie erkennen, daß solches deine Hand,
27b   daß du, JHWH, es getan hast.
28a Mögen jene verfluchen – du, du segnest,
28b   meine Feinde sollen sich schämen müssen, während
         dein Knecht dich freuen darf.

121

29a	Meine Widersacher sollen sich mit Schande bedecken,
29b	sie sollen sich wie mit einem Mantel in Scham hüllen müssen.
30a	Ich will JHWH ~~laut~~ loben mit meinem Munde
30b	~~und~~ inmitten der Vielen ~~will ich~~ ihn preisen,
31a	denn er ~~tritt an die~~ Rechte des Armen,
31b	um ihn zu retten vor ~~denen, die seine Seele zugrunde richten wollten!~~

Auch dieser Psalm ist *als ganzer* der Schere der Stundengebetsreformer zum Opfer gefallen. Bedenkt man den Mißbrauch, den kirchliche Liturgen jahrhundertelang mit diesem Psalm getrieben haben, mag man sogar sagen: Gott sei Dank!

Ich denke dabei an einen doppelten Mißbrauch. Der eine Mißbrauch ist seine antijüdische Verwendung. Diese beginnt im Grunde schon im Neuen Testament, wo die ohnedies in antijüdischer Polemik erfundene Figur des *Judas Iskariot* auch noch als „Erfüllung" des als „Weissagung" gelesenen Verses Ps 109,8b belastet und verflucht wird:

> „In diesen Tagen erhob sich Petrus im Kreis der Brüder – etwa hundertzwanzig waren zusammengekommen – und sagte: Brüder! Es mußte sich das Schriftwort erfüllen, das der Heilige Geist durch den Mund Davids im voraus über Judas gesprochen hat. Judas wurde zum Anführer derer, die Jesus gefangennahmen. Er wurde zu uns gezählt und hatte Anteil am gleichen Dienst. Mit dem Lohn für seine Untat kaufte er sich ein Grundstück. Dann aber stürzte er vornüber zu Boden, sein Leib barst auseinander, und alle Eingeweide fielen heraus. Das wurde allen Einwohnern von Jerusalem bekannt; deshalb nannten sie jenes Grundstück in ihrer Sprache Hakeldamach, das heißt Blutacker. Denn es steht im Buch der Psalmen:
> Sein Gehöft soll veröden, niemand soll darin wohnen (vgl. Ps 69,26)! und: Sein Amt soll ein anderer erhalten (vgl. Ps 109,8)!" (Apg 1,15–20).

Diese Verwendung von Ps 109 durch den lukanischen Petrus fand viele eifrige kirchliche Nachahmer, die dann den ganzen Psalm auf Judas hin lasen (besonders Athanasius und Augustinus), weshalb sich für den Psalm sogar die Bezeichnung „Psalmus Ischarioticus" einschlich. Schon sehr früh wurde dann der „Judas" zum Prototyp „der Juden". Und so verfluchte und verdammte man die Juden im Namen der davidischen Prophetie des 109. Psalms. Und nicht selten hat man Ps 109 als göttliche Legitimation von Judenpogromen „gebetet".

Der andere Mißbrauch des 109. Psalms blieb gewissermaßen innerhalb der christlichen Brüder und Schwestern. Da mißbrauchte man den Psalm zum „Totbeten" von angeblichen oder wirklichen Feinden.[20] So wie man in volkstümlicher Liturgie (gegen gute Bezahlung!) Totenmessen gegen Lebende hielt, um sie mit Gottes Hilfe magisch-sakramental ins Jenseits zu befördern, so verwendete man auch die Bibel und in Sonderheit die Psalmen als Zaubermittel. Handschriften bieten detaillierte Kataloge für die Verwendung einzelner Psalmen in verschiedenen Situationen an. Über die Verbreitung des Totbetens mit Hilfe des 109. Psalms wissen wir vor allem durch eine 1708 an der Universität zu Helmstedt (sie mußte schließlich ihre Tore schließen, als in ihrer Nachbarschaft im Jahre 1735 die Universität Göttingen gegründet wurde) eingereichte Dissertation von Johann Friedrich Heine, der dazu u. a. folgendes schreibt:

„Zu unserer Zeit, wo das klare Licht des Evangeliums aller Augen durchdringt, ist es tief zu beklagen, daß sich Menschen finden, die solchem Aberglauben so völlig ergeben sind... Manche glauben, dieser Psalm müsse ein ganzes Jahr und neun Tage morgens und abends ohne Unterbrechung gebetet werden... Wird aber diese Verwünschung auch nur einmal unterlassen, so glaubt man, daß sie nicht das Haupt des Feindes treffe, sondern auf das des Beters zurückfalle. Der Feind dürfe von dem Lesen des Psalms nichts wissen; auch dürfe man ihn auf der Straße nicht grüßen oder von ihm einen Gruß annehmen und was sonst noch für absurde von heidnischem Aberglauben erfüllte Gepflogenheiten umlaufen."[21]

Heine berichtet auch von einem Magdeburger Geistlichen, der aus Verärgerung über den Rat der Stadt jede seiner Predigten mit dem Psalm 109 begann und schloß – gegen den ihm verhaßten Magistrat. Als man ihn aufforderte, diese Unsitte zu unterlassen, drohte er, er werde den Psalm sogar noch durch „Aktualisierungen" erweitern. Über diesen christlichen Mißbrauch von Ps 109 wissen wir auch aus den Schriften Luthers (der forderte freilich seinerseits sogar dazu auf, mit dem Psalm den Herzog Moritz totzubeten) und Calvins, der bei seiner Kommentierung von Ps 109,6 sagt:

> „Um so verdammenswerter ist das Sakrileg, daß die Mönche, und sonderlich die Franziskaner, diesen Psalm entweihen. Es ist nämlich keineswegs ein Geheimnis, daß sich, wer einen Todfeind hat, den er verderben will, einen dieser Schurken dingt, damit er den Psalm täglich hersage. In Frankreich, weiß ich, hat eine vornehme Dame Franziskaner im Solde gehabt, die ihren einzigen Sohn auf diese Weise verwünschten."[22]

Dieser Brauch, mit Ps 109 Feinde „totbeten" zu wollen, ist in Bayern, Schwaben und der Schweiz noch bis ins 19. Jahrhundert nachzuweisen. Daß solcher Mißbrauch einerseits in manchen falsch verstandenen Formulierungen des Psalms seinen „Aufhänger" (nicht seinen Auslöser!) hat, muß man bei der Frage, *ob* und *wie* dieser Psalm gebetet werden soll, sicher *mit*bedenken. Andererseits ist ebenso unübersehbar, daß dieses Totbeten nicht nur gegen viele andere Formulierungen des gleichen Psalms verstieß, sondern gegen den Gesamtsinn des Psalms überhaupt.

Auf diesen *Gesamtsinn* kommt es zunächst einmal an, wenn man sich auf den Psalm einläßt. Wer die „jüdischen" Psalmen immer schon mit einer Brille liest, die in ihnen „unterchristliche" Aussagen sucht und finden will, tut dies natürlich auch in Ps 109. W. Stärk faßt in der Reihe „Die Schriften des Alten Testaments" sein Urteil über Ps 109 so zusammen:

> „Könnten wir das große Mittelstück dieses Psalms, v.6–20 tilgen, so hätten wir eins der zartesten Bittgebete, die je aufrichtige Frömmigkeit aus Leiden des Leibes und der Seele zu Gott emporgesandt hat. So aber sinkt das Gebet der Frommen durch die grauenvollen Flüche, die er in jenen Versen gegen seine Verfolger ausstößt, tief herab in unsittliche Wiedervergeltung. Diese aber geben dem Psalm seine Farbe. Es ist ein rechter Fluchpsalm und will nichts andres sein. Das anzuerkennen ist Pflicht gewissenhafter wissenschaftlicher Erklärung dieses unerfreulichsten Erzeugnisses alttestamentlicher religiöser Poesie, und es ist ein übel angebrachtes Bemänteln, wenn man behauptet, solche Flüche seien zwar nicht vom Geiste des Neuen Testaments, aber doch nicht ohne sittlichen Wert und geistliche Kraft, weil eine göttliche Energie darin sei wie in Fluch und Segen jedes gottverbundenen Menschen; oder wenn man gar zu der törichten Auskunft greift, v0.6 ff. seien eigentlich Verwünschungen, die die Peiniger des Frommen gegen diesen ausgesprochen hätten."[23]

Weil auch Alfons Deissler diesen von W. Stärk abgewiesenen Erklärungsversuch von V.6–19 als Zitat der gegen den Beter von Ps 109 geschleuderten Fluch- und Drohworte nicht für richtig hält, artikuliert er in seinem Psalmenkommentar massive Vorbehalte gegen Ps 109:

> „Unser Psalm ist das anstößigste Beispiel der sogenannten ‚Fluchpsalmen'... Das Wort Jesu von der Liebespflicht auch den Feinden gegenüber – hierin wird die bereits altbundliche

Weisung zu Gerechtigkeit und Erbarmen in ihre höchstmögliche Entfaltung gebracht – und sein entsprechendes Beispiel am Kreuze gestatten es nicht, Ps 109 in seinem buchstäblichen Sinne als Gebet des Christen zu übernehmen. Auch Röm 12,17–21 spricht klar dagegen. V.6–20 sind aber schwer auf die Ebene des ‚Nein gegen Sünde und Satan‘ zu übertragen. Darum wäre es am besten, sie aus dem Psalterium der Christen zu streichen. Die Verwendung von V.8 durch Petrus (Apg 1,20) ist keine Instanz für die Beibehaltung... Anders steht es mit den Klagen und Bitten und mit dem Bekenntnis der Erhörungsgewißheit (1–5, 21–31). Sie passen gut in den Mund Jesu, des Unschuldigsten aller fälschlich Angeklagten in der Geschichte der Menschheit. Erst recht kann sie das neubundliche Gottesvolk als fortlebender und weiterhin gehaßter (vgl. Joh 15,18ff.) ‚Christus‘ beten."[24]

Nicht aus apologetischen, sondern aus exegetischen Gründen halte ich selbst die sog. Zitat-Hypothese für die sachgemäßeste Erklärung der in der Tat abstoßenden Verwünschungs-Serie, die in den Versen 6–19 zusammengestellt ist. Daß der Beter in V.6–19 die gegen ihn selbst gerichteten Vernichtungswünsche seiner Feinde so ausführlich zitiert, hat in der Gebetsdynamik des Psalms eine doppelte Funktion. Mit diesen Worten kommen einerseits die Ausweglosigkeit und Ohnmacht des Beters plastisch und dramatisch zum Ausdruck. Das ist eine Eskalation von psychischem und sozialem Terror, der den Beter wie eine tödliche Giftwolke umgibt. Das wörtliche Zitat hält der Beter seinem Gott entgegen, gewissermaßen als Beweismittel seiner Not und der Notwendigkeit, daß JHWH diesem Treiben ein Ende setzen muß – um „seines eigenen Namens willen" (vgl. V.21). Andererseits sind diese menschenverachtenden und gotteslästerlichen Worte der Feinde zugleich der literarisch-theologische Kontrast zu den eigenen Worten des Beters V.1–5.21–31. Das ist vollendete Kunst, wie hier diese zwei Welten aufeinanderprallen. Das ist politische Poesie als Gebet (vgl. dazu unten IV.4).

Für die Zitat-Hypothese sprechen besonders folgende Beobachtungen und Überlegungen, deren Überzeugungskraft in ihrer Bündelung liegt:

(1) Daß die Feinde des Beters verfluchen bzw. Verwünschungen ausstoßen, wird in V.28a ausdrücklich festgestellt.

(2) Die Rachewünsche des Beters werden unbestreitbar in V.28b–29 artikuliert. Sie sind im Vergleich zu den in V.6–19 zusammengestellten Flüchen geradezu harmlos; sie zielen darauf, daß das Netz der Gewalt der Feinde plötzlich zerreißt – und sie „entblößt" dastehen und sich ob ihres gemeinen Treibens schämen müssen. Die sprachliche und motivliche Differenz der beiden „Fluchpassagen" ist eher damit zu erklären, daß hier in der poetischen Dramaturgie unterschiedliche Sprecher reden.

(3) In V.1–5 und V.21–31 sieht sich der Beter immer einer Gruppe von Feinden gegenüber (pluralische Formulierungen); die Vernichtungswünsche in V.6–19 gelten dagegen einem *einzelnen* (singularische Formulierungen). Das ist am ehesten so zu erklären, daß in V.1–5.21–31 der Beter über seine Feinde klagt, während V.6–19 eben die Worte der Feinde gegen den (einzelnen) Beter des Psalms bringt.

(4) Daß ein Klage- und Bittpsalm Worte der Feinde und der Frevler wörtlich zitiert, um deren Hybris und Brutalität besonders plastisch darzustellen, ist mehrfach belegt (vgl. u. a. Ps 3,3; 10,4.6.11.13; 12,5; 13,5; 14,1).

(5) Gegen die Zitat-Hypothese kann nicht geltend gemacht werden, daß der Psalm selbst keine Zitationseinleitungsformel bietet (ich habe sie oben in der Übersetzung verdeutlichend eingefügt). Unbestreitbar di-

rekte Reden werden in den Psalmen öfter unvermittelt zitiert (z. B. Ps 2,3; 14,4; 22,9; 28,7; 30,10f; 32,8; 46,11; 50,7).

(6) V.20 ist eine Art Kolophon („Unterschrift"), die V.6–19 als Rede der Widersacher zusammenfaßt und zum emphatischen Hilfeschrei des Beters zu JHWH überleitet. Gerade der Neueinsatz in V.21 wäre recht eigenartig, wenn V.6–19 als *Worte des Beters* gegen seine Feinde gelesen werden müßten.

Vor allem aber empfiehlt sich die Zitat-Hypothese von der Gesamtanlage des Psalms her. Es ist der Hilfeschrei eines Menschen, der als der *Verfolgte und Angefeindete schlechthin* gezeichnet wird. Die tödliche Bedrohung, deren unschuldiges und wehrloses Opfer er geworden ist, wird in mehreren Dimensionen entfaltet (die Frage, ob ein Wachstum des Psalms greifbar wird, kann offenbleiben): öffentliche Verleumdung und feindselige Bedrohung, Verwicklung in das Gerichtsverfahren einer korrumpierten Justiz, sozialer und wirtschaftlicher Ruin durch Reiche und Mächtige. Dies alles empfindet er als Lüge und Haß von Menschen, die ihn und seine Familie kaputtmachen wollen. In dieser äußersten Not *will und kann* er *nicht* mit gleichen Mitteln zurückschlagen: Er appelliert an den Gott der Güte und des Segens, daß er ihn rette – ihn, den sie grundlos bekämpfen und der die von Lev 19 her geforderte Liebe praktiziert hat (vgl. die Anklänge von V.5 an Lev 19,17f). Er durchbricht den Teufelskreis der Gewalt mit seinem Schrei: „Für meine Liebe feinden sie mich an – ich aber bin Gebet!" Dieses Gebet ist unser Psalm selbst! Mit ihm beschwört er JHWH, „an die rechte Seite des Armen" zu treten, um ihn zu retten und sich öffentlich als der zu erweisen, als der er sich doch geoffenbart hat: als der Exodus-Gott JHWH. Ob dieser Psalm wirklich kein Gebet der Christen sein darf?

IV

Zur Hermeneutik der Feind- und Rachepsalmen

Es geht im folgenden weder um fundamentalistische Verteidigung der als schwierig empfundenen oder wirklich ärgerlichen Feind- und Rachepsalmen, die unbedingt beibehalten werden müßten, weil sie „Wort Gottes" und „Offenbarung" seien. Diese Psalmen fordern vielmehr dazu heraus, die bisweilen allzu unreflektiert gebrauchte Redeweise, die Bibel sei „Gotteswort" und deshalb in Glaubensgehorsam anzunehmen, zu hinterfragen und zu differenzieren. Es geht nicht um reflektierte Apologetik, die das Ärgernis dieser Texte hinwegreden will und darf. Und es geht nicht darum, diese Texte und die sich in ihnen aussprechende Theologie und Anthropologie ins Zentrum unseres kirchlichen und persönlichen Betens rücken zu wollen. Es geht darum, den theologischen Horizont, in dem diese Psalmen entstanden sind, so nachzuzeichnen, daß die Mißverständnisse abgebaut werden, die sich *bei uns* einstellen, wenn und weil wir diese Psalmen zu sehr von unserem Lebensgefühl und von pseudotheologischen Klischees der christlichen Tradition her hören. Und es geht darum, sie so als *authentische Gebete* biblischer Menschen verständlich zu machen, daß sie nicht nur als Anfrage an unsere christliche Gebetskultur, sondern als echte Bereicherung begriffen werden. Was dies konkret bedeuten kann, soll dann im abschließenden Teil V unseres Buchs angedeutet werden.

1. „... zu richten die Lebenden und die Toten"

Es ist wohl der wichtigste Satz, den wir über Gott sagen: daß *ihm* die Welt und die Geschichte gehört und daß *er* das letzte Wort über die Geschichte spricht – als „Richter" der Geschichte. Und es ist vielleicht zugleich jener Satz, der die meisten Mißverständnisse ausgelöst hat und immer noch auslöst, ob er nun christologisch enggeführt (wie im christlichen Credo: „Er sitzt zur Rechten Gottes, des allmächtigen Vaters; von dort wird er kommen, zu richten die Lebenden und die Toten") oder ob er stärker theozentrisch gehört wird. Und diese Mißverständnisse behindern ihrerseits wieder das angemessene Verständnis der *biblischen* Rede von Gott als Richter und „Rächer". Die Verzerrungen des Glaubensartikels vom Endgericht haben sich auch in vielen Darstellungen des Jüngsten Gerichts und in christlichen Gebeten niedergeschlagen, deren strukturelle Grausamkeit die Gewaltperspektive der biblischen Psalmen weit übertrifft.

Die traditionellen christlichen Mißverständnisse hat Joseph Ratzinger in seiner „Einführung in das Christentum" gut auf den Punkt gebracht:

> „Man kann nicht bestreiten, daß der Artikel vom Gericht sich im christlichen Bewußtsein zeitweise zu einer Form entwickelt hat, in der er praktisch zur Zerstörung des vollen Erlösungsglaubens und der Verheißung der Gnade führen mußte. Als Beispiel dafür verweist man immer wieder auf den tiefgehenden Gegensatz von ‚Maranatha‘ und ‚Dies irae‘. Das Urchristentum hat mit seinem Gebetsruf ‚Unser Herr, komm!‘ (Maranatha) die Wiederkunft Jesu als ein Ereignis voller Hoffnung und Freude ausgelegt, sich verlangend nach ihm als dem Augenblick der großen Erfüllung ausgestreckt. Für den Christen des Mittelalters hingegen erschien jener Augenblick als der schreckenerregende ‚Tag des Zornes‘ (Dies irae), vor dem der Mensch in Weh und Schrecken vergehen möchte,

dem er mit Angst und Grauen entgegenblickt. Die Wieder-
kunft Christi ist nur noch Gericht, Tag der großen Abrech-
nung, die einen jeden bedroht. In einer solchen Sicht wird
Entscheidendes vergessen; das Christentum erscheint prak-
tisch auf den Moralismus reduziert und wird so jenes Atems
der Hoffnung und der Freude beraubt, der seine eigentlichste
Lebensäußerung ist."[1]

Diese Verzerrung der Botschaft vom Gericht *Gottes,*
deren sadistische und / oder masochistische Destruktivität in den pseudo-christlichen Höllendrohungen und
Höllenphantasien bis heute im autoritären Katholizis-
mus fundamentalistischer Kreise und in der Marien-
apokalyptik von Fatima weiterwirkt und die Menschen
ängstigt und neurotisiert, prägt auch (oft unbewußt)
die christlichen Vorbehalte und Vorurteile gegenüber
den Psalmen, die vom Gericht Gottes reden oder nach
ihm schreien. Daß es im Gericht um die Gerechtigkeit
geht, vor allem für die, denen Unrecht widerfahren ist,
und daß es bei diesem Gericht darum geht, alles wieder
ins „Richtige" zu stellen – und sogar die Verbrecher so
mit ihrem Unrecht zu konfrontieren, daß sie dem
Recht durch Umkehr die Ehre geben, haben wir aus unserem christlichen Bewußtsein verdrängt. Deshalb fällt
es uns so schwer, die Gerichtsperspektive der Feind-
und Rachepsalmen als Schreie nach Recht und Gerechtigkeit und als Hoffnungssignale gegen pseudoreligiö-
sen Fatalismus und Fanatismus zu erkennen und
grundsätzlich zu bejahen. Welches Potential von Hoffnung in der Rede vom Gericht steckt, und wieviel Kraft
zum Widerstand, aber auch zum Festhalten an der eigenen Menschenwürde selbst dort noch, wo diese mit Füßen getreten wird, sie geben kann, hat das großartige
(leider schon viel zu sehr in Vergessenheit geratene)
„Hoffnungsbekenntnis" der Würzburger Synode so
formuliert:

„Eng verbunden mit unserer Hoffnung auf die Auferweckung der Toten ist die christliche Hoffnung als Erwartung des endzeitlichen Gerichts Gottes über unsere Welt und ihre Geschichte, wenn der Menschensohn wiederkommt. Läßt sich aber die Botschaft vom Gericht Gottes überhaupt als Ausdruck unserer Hoffnung artikulieren? Gewiß, sie mag unseren eigenen Fortschritts- und Harmonieträumen, mit denen wir gern unsere Vorstellungen vom ‚Heil' verbinden, widersprechen. Doch in ihr drückt sich gleichwohl ein verheißungsvoller Gedanke unserer christlichen Botschaft aus: nämlich der spezifisch christliche Gedanke von der Gleichheit aller Menschen, der nicht auf Gleichmacherei hinausläuft, sondern der die Gleichheit aller Menschen in ihrer praktischen Lebensverantwortung vor Gott hervorhebt, der aber auch allen, die Unrecht leiden, eine unverlierbare Hoffnung zusagt. Dieser christliche Gleichheitsgedanke ist auf Gerechtigkeit für alle aus und lähmt darum auch nicht das Interesse am geschichtlichen Kampf um Gerechtigkeit für alle, er weckt vielmehr immer neu das Verantwortungsbewußtsein für diese Gerechtigkeit. Wie anders sollten wir in seinem Gericht bestehen?

Freilich: haben wir in der Kirche diesen befreienden Sinn der Botschaft vom endzeitlichen Gericht Gottes nicht selbst oft verdunkelt, weil wir diese Gerichtsbotschaft zwar laut und eindringlich vor den Kleinen und Wehrlosen, aber häufig zu leise und zu halbherzig vor den Mächtigen dieser Erde verkündet haben? Wenn jedoch ein Wort unserer Hoffnung dazu bestimmt ist, vor allem vor ‚Statthaltern und Königen' (vgl. Mt 10, 18) mutig bekannt zu werden, ist es offensichtlich dieses! Dann auch zeigt sich seine ganze Tröstungs- und Ermutigungskraft: Es spricht von der gerechtigkeitschaffenden Macht Gottes, davon, daß unsere Sehnsucht nach Gerechtigkeit gerade nicht am Tode strandet, davon, daß nicht nur die Liebe, sondern auch die Gerechtigkeit stärker ist als der Tod. Es spricht schließlich von jener gerechtigkeitschaffenden Macht Gottes, die den Tod als den Herrn über unser Gewissen entthront und die dafür bürgt, daß mit dem Tod die Herrschaft der Herren und die Knechtschaft der Knechte keineswegs besiegelt ist. Und dies sollte kein Wort unserer Hoffnung sein? Kein Wort, das uns frei macht, für diese Gerechtigkeit einzustehen, gelegen oder ungelegen? Kein An-

sporn, der uns den Verhältnissen himmelschreiender Ungerechtigkeit widerstehen läßt? Kein Maßstab, der uns jedes
Paktieren mit Ungerechtigkeit verbietet und uns immer wieder zum Aufschrei gegen sie verpflichtet, wenn wir unsere eigene Hoffnung nicht schmähen wollen?"[2]

Daß der Glaube an einen Gott, der als Richter das
Recht durchsetzt und wiederherstellt, schon in Israel
die Scheidelinie zwischen „den Frevlern" und „den Gerechten" markierte, wird gerade in den Psalmen sichtbar. Die „Frevler" bedrohen und ruinieren mit den
vielen Praktiken ihrer alltäglichen Gewalt „die Armen
und Elenden" nicht zuletzt deshalb, weil sie über die
Vorstellung von einem Gott, der sich als Richter um die
Schwachen und Marginalisierten kümmert, nur spotten
können. Das kommt vor allem in den gotteslästerlichen
Reden zum Ausdruck, die den Frevlern in den Mund
gelegt werden:

Der Frevler (sagt) in seiner Hybris:
  „Der sucht nie heim! Ist ja kein Gott!"
Er sprach in seinem Herzen: „Vergessen hat es Gott!
  Sein Angesicht hat er verdeckt. Er will's gar nicht sehen!"
Warum darf der Frevler Gott verhöhnen,
  er sagt ja in seinem Herzen: „Du suchst nie heim!"
              (Ps 10, 4.11.13)

Der Tor spricht in seinem Herzen:
  „Ist ja kein Gott!"   (Ps 14, 2 = 53, 2)

(Meine Feinde) sagen: „Gott hat ihn verlassen!
  Verfolgt und packt ihn. Es gibt keinen Retter!"
              (Ps 71, 11)

Sie sagen: „Was erkennt denn schon Gott?
  Gibt's Erkennen denn überhaupt beim Höchsten?"
              (Ps 73, 11)

In den Hilfe- und Racheschreien der Psalmen geht es
nicht um kleinere oder größere Konflikte, die durch

kluge Großzügigkeit des Beters oder durch seine „Nächstenlicbe" gelöst werden könnten. In ihnen schreien die Beter vielmehr ihr Leiden am Unrecht und an der Hybris der Gewalttätigen heraus. Sie konfrontieren ihren Gott selbst mit der Rätselhaftigkeit des Bösen und dem Widerspruch, den die Bösen in einer von Gott umsorgten Welt darstellen. Das ist nicht das kleinliche Jammern von Menschen, deren Denken und Sorgen nur um sich selbst und um die eigenen Vorteile kreisen. Die Leidenschaft dieser Psalmen erwächst aus der Grundüberzeugung, daß Gerechtigkeit geschehen muß – zumindest durch einen Gott, der die Erde als „Lebenshaus" für alle geschaffen hat, über dem er als „Sonne der Gerechtigkeit" aufgehen will, die das Böse vertreibt und den vom Tod Bedrohten Rettung bringt. Daß die Psalmen zu Gott als Richter schreien, dispensiert natürlich kein Gericht dieser Erde von seiner Verpflichtung, Recht und Gerechtigkeit durchzusetzen. Aber in diesem Schreien kommt die schmerzliche Realität zur Sprache, daß die menschlichen Richter und Gerichte nicht ausreichen, um die vollkommene Gerechtigkeit herzustellen.

Der Salzburger Dogmatiker Gottfried Bachl hat sehr eindrucksvoll erläutert, wieso gerade die im Ersten *und* im Zweiten Testament so zentrale Botschaft vom richtenden Handeln Gottes eine Frohbotschaft (ein Evangelium!) ist. Er macht zunächst an einem Exemplum sichtbar, was *Gericht* meint:

> „Am 8. März 1988 wurde im deutschen Fernsehen ein Film ausgestrahlt, in dem die Vernichtung des kleinen französischen Ortes *Oradour-sur-Glane* noch einmal zur Sprache kam. Eine SS-Division hatte am 10. Juni 1944 als Vergeltungsaktion gegen die französische Widerstandsbewegung die Siedlung vollständig zerstört. Etwa 600 Männer, Frauen und Kinder wurden dabei verbrannt oder erschossen.

Einer der Offiziere, die diese Liquidierung kommandierten, lebte später in der DDR als angesehener Angestellter in einem Betrieb, ein liebevoller Familienvater und Opa, der seinen Enkelkindern mit tränenreicher Rührung zugetan war. 1980, sechsunddreißig Jahre nach seiner Tat, wurde er verhaftet, angeklagt und zu lebenslanger Haft verurteilt. Eine Reporterin durfte ihn im Gefängnis besuchen und konnte ein langes Gespräch mit ihm führen. Dabei weinte er immer wieder. Auf die Frage: ‚Warum weinen Sie jetzt?', antwortete er: ‚Weil ich jetzt so glücklich gelebt habe, und nun nimmt das ein solches Ende.' Die Journalistin fragte weiter: ‚Haben Sie auch schon einmal geweint über die Kinder, Frauen und Männer, die Sie damals umgebracht haben?' Antwort: ‚Nein'. ‚Haben Sie nie daran gedacht, daß Sie an jenen Menschen ein furchtbares Unrecht begangen haben?' Antwort: ‚Solange ich in Freiheit war, nicht. Es war doch alles ganz normal. Aber jetzt denke ich doch oft, da muß was nicht gestimmt haben, da war ich selber irgendwie verwickelt, das war wohl alles falsch.'

Tränen und ein leiser Ansatz zur Reue, überhaupt zur Erkenntnis des Tatbestandes stellten sich für den Mann erst dann ein, als *das Gericht* dafür sorgte, daß er sich dem Geschehen stellen mußte, als die Tat wieder auf ihn zurückkam, an seinen Leib und an sein Leben. Nun war er dabei, aufzuwachen aus der stumpfen, glücklichen Befangenheit in seinem eigenen Wohlbefinden und Rechthaben, begann er ein Mensch zu werden, der seine Taten sieht. Das Gericht hat ihm das möglich gemacht."[3]

An dieser Konfrontation eines Menschen mit einem menschlichen Gericht können wir ablesen, was in der Konfrontation mit dem „Gottesgericht" geschehen kann und geschehen muß – und zwar nicht erst im Jenseits und am Ende der Geschichte, sondern, wie Bachl aufzeigt, schon jetzt und im Diesseits:

„Der Strom unserer Geschichte mündet nicht in die Gerechtigkeit, sondern in die Frage: Wo sie denn geschehen wird, ob sie denn überhaupt jemals in ihrer wahren, alle erfassenden Gestalt erscheinen wird! Kein Gericht, auch kein Mensch-

heitstribunal, wird dem gewachsen sein, was zur Zeit die
Menschen in Bosnien draußen und in der Intimität der Familien drinnen einander antun. Das Geschehen in der Menschenwelt ist von Anfang an der Schrei nach dem Gericht
Gottes. Und diesem Schrei antwortet das Evangelium, die
Frohe Botschaft, zunächst mit dem Versprechen:

Der Fluß der Ereignisse rinnt nicht unendlich weiter, über
Blut und Opfer, Güte, Bosheit, Unschuld und Recht hinweg.
Gott wird den Lauf der Geschichte anhalten und klarmachen,
daß es zwischen Recht und Unrecht einen Unterschied gibt,
daß dieser Unterschied ausgetragen werden muß. Er wird die
zugeschütteten Opfer aufsuchen, die vergessenen, verhungerten Kinder, die geschändeten Frauen, und er wird die versteckten Täter finden. Alle wird er vor seinem ewigen,
heiligen Willen zum Guten versammeln, so daß alle sehen
müssen, wie sie mit ihrem Leben dazu stehen.

Das sagt das Evangelium zum großen Gang der Weltgeschichte. Es redet das Wort des Richters aber auch direkt auf
die Person zu. Das Buch Genesis beginnt mit einer Szene des
Gerichts. Gott ruft nach dem Menschen: *Adam, wo bist du?*
Adam hat sich versteckt, und wird nun hervorgeholt. Es folgt
das Gespräch, das ihn aufsucht in seinem Schlupfwinkel, in
seinen Entschuldigungen und Selbstverhüllungen. Alle Kleider werden ihm vom Leib getan, daß er nackt und wahr dasteht und weiß: *Ich bin es*, niemand sonst.

Solche Gespräche, die den Menschen offenlegen, finden
sich auch bei *Jesus:* in der Begegnung mit der Prostituierten
(Lk 7,36–50), mit dem Zollbeamten Zachäus (Lk 19,1–10),
mit der Frau am Jakobsbrunnen (Joh 4,1–26). Was in diesen
Gerichtsdialogen geschieht, kann in der heutigen Sprache so
gesagt werden: Das Gericht ist die Hilfe Gottes zur Selbstfindung des Menschen, es ist Befreiung aus dem Unschuldswahn, Weckung aus dem Schlaf des Gewissens, Lösung aus
der Lebenslüge. Weil diese Hilfe von Gott kommt, ist sie unausweichlich, effizient, in heilsamer Weise schmerzhaft und
endgültig, sie geschieht am Ende des menschlichen Lebens,
im Tod. Auf diesem Weg gewinnt sich der Mensch ganz, wird
er wahr, liebesfähig und aufnahmebereit für die volle Gegenwart Gottes.

Es gibt genug Augenblicke schon in diesem Leben, in denen
wir fühlen, daß wir diese Hilfe brauchen, wo wir mehr auf sie

hoffen als sie fürchten, weil wir ahnen, daß sie dem Hunger
nach der Wahrheit in uns antworten wird, der meistens in der
Feigheit begraben ist; weil wir erwarten, daß er diese Wahrheit an uns tun wird, gegen unser Bedürfnis, in Ruhe gelassen
zu werden."[4]

Das ist der Horizont, in dem die Psalmen so zu und
nach Gott schreien, wie wir es beispielsweise in Teil I
dieses Buchs unter der Überschrift „Ärgerliche und ab-
stoßende Psalmen" zusammengestellt haben:

Herr, Gott, des die Rache ist,
    Gott, des die Rache ist, erscheine!
Erhebe dich, du Richter der Welt;
    vergilt den Hoffährtigen, was sie verdienen!
                        (Ps 94, 1–2 Nichtrevidierte Lutherfassung)

2. Also doch: Ein Gott der Rache?

Zeigt nicht gerade der eben zitierte Psalm 94, daß dieser Richter von den Psalmen als „Rächer" verstanden
wird? Sind die Vernichtungswünsche, die die Psalmen
gegen die Frevler schleudern, nicht der Beweis dafür,
daß die Frohbotschaft vom Gericht Gottes menschliche
Rachegelüste eher freisetzt als mäßigt? Ist nicht die destruktive Gewalt gegen die Feinde, die da von Gott erwartet und erfleht wird, ein konstitutiver Aspekt in
Gott selbst? Ja, ist das Gottvertrauen dieser Psalmen,
das uns so beeindruckt, nicht so eng mit den Rache-
wünschen verknüpft, daß hier eine verborgene, aber
höchst gefährliche Sakralisierung von Aggression und
Gewalt stattfindet? Ist nicht gerade die im Zusammenhang der biblischen Gerichtsschilderungen beider Testamente gehäuft auftretende Vorstellung vom Zorn
Gottes ein massives Warnsignal gegen eine theologisie-

rende Verharmlosung des in der Gerichtsbotschaft angelegten Gewaltpotentials?

Ein erster Antwortversuch auf diese Fragen muß bei der Semantik ansetzen. Damit ist das irritierende Problem selbst nicht zu lösen, wohl aber von unnötigen Mißverständnissen zu befreien. Manche Ablehnung dieser Psalmen ist *auch* ein Problem des Sprachgebrauchs und der Übersetzung (vgl. dazu auch unten Teil V).

Das Sprachproblem wurde schon implizit sichtbar, als wir oben in I.1 die unterschiedlichen Übersetzungen vorstellten, wo z. B. die in Ps 94, 1 in der nichtrevidierten Lutherfassung lautende Gottesanrede „Gott, des die Rache ist" unterschiedlich übersetzt wird:

> Gott, *des die Rache ist,* erscheine! (Nichtrevidierte Lutherfassung)
> Du Gott *der Vergeltung* erscheine (Revidierte Lutherfassung und Einheitsübersetzung)
> Gott *der Ahndungen* erscheine! (Martin Buber)

Ziehen wir noch weitere Übersetzungen heran, wird die Vielfalt noch größer:

> Du Gott *des Rächens,* erscheine! (N.H.Tur-Sinai)
> *Rächende Macht,* erscheine! (Leopold Zunz)
> Gott *der Rache,* erscheine! (Zürcher Bibel)

Daß die drei jüdischen Übersetzungen (Buber, Tur-Sinai, Zunz) sich in ihrer größeren sprachlichen Unbestimmtheit von den eher festlegenden christlichen Übersetzungen abheben, signalisiert eine erste Besonderheit des biblischen Textes, über die wir nicht oberflächlich hinweggehen dürfen. Der Psalm gebraucht hier nämlich den Plural *neqamot* (Singular: *neqama*), was von Buber mit „Ahndungen" und von Tur-Sinai bzw. Zunz mit einem Handlungsverbum wiedergegeben wird. Es geht also nicht um eine Wesensaussage über Gott, sondern um eine Wirkweise Gottes (was Luther durch die Übersetzung „des die Rache ist" ebenfalls festhalten will).

Die zweite Besonderheit betrifft den Bedeutungsgehalt des hebräischen Wortes. Daß dies nicht länger mit „Rache" wiedergegeben werden darf, ergibt sich einmal aus dem Bedeutungsspektrum, das „Rache" im Deutschen hat und zum anderen aus dem Zusammenhang, in dem das hebräische Wort *n^eqama* (Nomen) bzw. *naqam* (Verb) in der hebräischen Bibel verwendet wird.

Jürgen Ebach beschreibt das semantische Problem wie folgt:

„Was ist eigentlich ‚Rache'?

Das große Duden-Wörterbuch der deutschen Sprache gibt folgende Definition: ‚persönliche, oft von Emotionen geleitete Vergeltung einer als böse, besonders als persönlich erlittenes Unrecht empfundenen Tat; das Heimzahlen eines Unrechts, einer Demütigung, Niederlage, Beleidigung und Ähnliches'. Anders akzentuiert erklärt das dtv-Lexikon: ‚die Vergeltung erlittenen Unrechts auf eigene Faust (Blutrache), auch die Haßgefühle und Triebe, die darauf hinzielen.' Rache ist danach Ausdruck einer Emotion, als Praxis eine Aktion außerhalb des geregelten Rechtsverfahrens. Als Empfindung haftet der Rache das Odium des Ungezügelten an, Rachegefühle gelten als unmoralisch, wenn auch in bestimmten Lagen verständlich. Rache als Praxis ist in unserem Rechtsgefüge Unrecht, das staatliche Gewaltmonopol und die damit verbundene Forderung, daß es keine Ahndung von Taten geben darf, die sich nicht dem geregelten Justizverfahren fügt, schließt Rachehandlungen aus dem Repertoire gerechtfertigter Reaktionen auf erlittenes Unrecht aus. An die Stelle der Rache ist die Strafe getreten oder, wenn es sich um zivilrechtliche Konflikte handelt, das geregelte Entschädigungsverfahren."[5]

Wenn die Beter zu ihrem Gott als dem gerechten Richter schreien, verwehren sie sich selbst „die Rache". Und
sie rufen gerade nicht nach einem irrational und wild
losschlagenden Gott (vor dem sie selbst Angst haben
müßten!), sondern sie appellieren an einen Gott, der als
Gott des Rechts überprüft, entscheidet und straft, letzteres nicht aus Lust an der Strafe, sondern um die ge-
störte Rechtsordnung wiederherzustellen und zu verteidigen. Das Analogon, das hier im Hintergrund steht,
ist gerade nicht die unkontrollierte oder geheime Rache, sondern das öffentliche Eingreifen einer legitimen
Rechtsautorität, die ihre Entscheidung nach Rechts-
prinzipien fällt und durch einen legitimen Strafvollzug
das Gemeinwohl verteidigen, ja fördern will.

Zwar kommt unser deutsches Wort „Rache", „(sich)
rächen" etymologisch von „Recht", „rechten", so daß
auch hier Rechtskonnotationen gegeben sind, doch ist
dies weder in unserer Alltagssprache noch in der juristi-
schen Verwendung von „Rache" (Totschlag aus „Rache" gilt beispielsweise als Mord!) bewußt. Ob die
Wiedergabe mit „Ahndung" (M. Buber) die Lösung des
semantischen Problems bringt, wird man unterschiedlich beurteilen; immerhin hat dieses Wort inzwischen
einen derart archaischen Klang, daß es zum Nachdenken auffordert.

Allerdings schwingt in den Kontexten, in denen
Gott als ahndender und strafender Richter angerufen
wird oder sich selbst ankündigt, sehr viel an Emotionalität mit. Auch die „Strafwünsche" der Beter sind von
geradezu entfesselter Emotionalität, weil sich in ihnen
die ganze Verletztheit der Leidenden und der Zweifel
an „Gott und Welt" aussprechen. Deshalb ist das
öffentliche Justizwesen auch nur ein Analogon für das,
worum es bei der Rede von Gott als Richter / „Rächer"
/ Retter geht. Der Appell und das Vertrauen der Beter

hängen nämlich nicht unwesentlich an der Voraussetzung, daß Gott durch das Unrecht *selbst* betroffen, ja in Frage gestellt wird – und daß er „um seines eigenen Namens willen" Gerechtigkeit schaffen muß. Insofern ist er eben doch nicht die unbeteiligte, neutrale Instanz eines unabhängigen Gerichtshofes. Gerade weil er der lebendige Gott ist, versuchen die Beter ihn aus seiner Distanz herauszufordern und dazu zu bewegen, Partei zu ergreifen! Er soll nicht nur sein Richter-Amt ausüben, sondern dabei *sich selbst* mitteilen.

richten
= recht
machen

Gerade deshalb kann dieser Gott auch auf die verdiente Strafe verzichten, sogar dann, wenn das Urteil und die Strafe schon verkündet sind. Das ist die theologische Botschaft des Jona-Buchs. Das ist der theologische Vorbehalt, unter dem *alle* an JHWH gerichteten Straf- und Vernichtungswünsche stehen, ob die Beter dies wollen oder nicht. Der Gott bedrängende Schrei „Tua res agitur" (Es geht um deine Sache, Gott!) gilt umfassend: *Seine* Sache ist es auch, daß sein Gericht „nicht den Tod des Sünders will, sondern daß er in Umkehr von seiner Sünde läßt und das Leben findet!" (vgl. Ez 18,23; 33,11).

Von diesem Ansatz her ist auch die Rede vom Zorn Gottes zu begreifen. Damit ist gewiß einerseits in mythisch-anthropomorpher Sprach- und Bildwelt der personale Aspekt der Zuständigkeit Gottes für seine Welt und sein Volk hervorgehoben. Dieser Zorn steht in enger Verbindung mit seiner „Eiferheiligkeit", in der er sich selbst und seine göttliche Identität an sein Volk und seine Schöpfung gebunden hat. Insofern ist der Zorn andererseits eine politisch-juristische Kategorie, die eng mit dem biblischen Bundeskonzept zusammenhängt. Der Ägyptologe Jan Assmann hat diese spezifisch israelitische Kategorie des Gotteszorns so beschrieben:

„Dieser Zorn ist ein spezifisch politischer Affekt. Er wächst Jahwe zu mit der Königsrolle, die er in bezug auf Israel übernimmt. Nicht die irrationale Leidenschaftlichkeit eines ‚Wüstendämons‘, wie man sich das früher gerne vorstellte, sondern ganz im Gegenteil die hochkulturelle Idee der Gerechtigkeit bedingt diesen Zorn. Es ist der Zorn des Richters, der rettend eingreift, und der Zorn des Herrschers, der den Vasallen trifft. Idolatrie und Unterdrückung rufen den Zorn Gottes hervor, und beides sind Verstöße gegen das mit Gott geschlossene Bündnis. Idolatrie bedeutet den Abfall zu anderen Herren und verstößt gegen den Vertragscharakter des Bundes, Unterdrückung bedeutet die Abkehr vom freimachenden Gesetz und verstößt gegen die göttliche Rechtssetzung.

Diese politische Deutung des göttlichen Zornes geht bis auf die Antike zurück. Laktanz hat dem Zorn Gottes ein ganzes Buch gewidmet. Das Problem, wie es sich damals darstellte, bestand im Gedanken der Affektivität Gottes. Das griechische Wort für ‚Affekt‘ ist *pathos*, das auch ‚Leiden‘ bedeutet. Affekte werden nach griechischer Auffassung erlitten, sie sind ihrem Wesen nach ‚passiv‘. Kann Gott leiden? Der philosophische, besonders der stoische Monotheismus der Antike postulierte die absolute Vollkommenheit und damit Leidensunfähigkeit Gottes. Dem hält Laktanz entgegen, daß der Zorn nicht zum *Wesen (natura), sondern zur Rolle,* zum *imperium* bzw. *dominium* Gottes gehört und eine Form seiner erhaltenden, rettenden, Gerechtigkeit schaffenden Weltzuwendung darstellt. Zorn und Erbarmen bedingen sich gegenseitig und folgen beide mit logischer Notwendigkeit aus dem Gedanken göttlicher Weltzugewandtheit. Wer Gott diese Affekte abspricht, leugnet die Weltzuwendung Gottes und macht ihn zu einem *deus otiosus,* dem keine Anbetung zukommt. Ein Gott, der keinen Zorn kennt, braucht keinen Kult: *religio esse non potest ubi metus nullus est.* Zorn, Liebe und Erbarmen sind Attribute des göttlichen Richteramts und für die Inganghaltung der Welt unabdingbar…

Gott ist nicht unpolitisch; diese These gehört zu den Grundannahmen jeder politischen Theologie. In diesem Punkt stimmen auch Ägypten und Israel völlig miteinander überein. Der Unterschied liegt nur darin, daß in Ägypten Gott – der Singular ist hier durchaus am Platz – die Herr-

schaft, d. h. die Rolle seiner herrscherlich-richterlichen Weltzuwendung, dem König überträgt, der ihn in dieser Rolle
repräsentiert, während in Israel Gott selbst und unmittelbar
diese Rolle wahrnimmt."[6]

Wenn die Psalmen rufen „Gieße aus deinen Zorn über
meine / unsere Feinde" mag dies zwar bei den modernen Zeitgenossen, denen die religionsgeschichtliche
Herkunft der Zorneskategorie und das Wissen um ihre
spezifisch israelitische Ausprägung verborgen ist, Widerspruch und Ablehnung hervorrufen, aber die ersatz-
lose Streichung würde den biblischen Gott zu einem an
seiner Welt uninteressierten Zuschauer oder zu einem
deus otiosus machen – und damit zu einer Gottes*idee*,
der überdies alles gesellschaftskritische Potential feh-
len würde.

Die irritierende und provozierende Rede vom „Gott
der Ahndungen" und vom „Zorn Gottes" sagt zuallererst etwas über den gewalttätigen und verderbten Zustand der Gesellschaft und der Welt – und darüber, daß
dieser Zustand weder gottgegeben ist noch als gottgegeben legitimiert oder toleriert werden darf. Nicht von
uns Menschen und schon gar nicht von Gott selbst.
Daran wollen und müssen die „Feindpsalmen" erinnern.

3. Ein dynamisches Weltbild und eine
realistische Weltsicht

Im Hintergrund des Einklagens des Gottesgerichts und
des Appells an die Verantwortung Gottes für sein Volk
und seine Welt steht ein dynamisches Weltbild, das die
Schöpfung und das Leben der Völker im permanenten
Hin und Her zwischen Chaos und Kosmos „denkt".

143

Chaos und Kosmos sind im biblischen Denken zwar keine gleichwertigen Realitäten in einem dualistischen Sinn. Gleichwohl ist das Chaos eine gewalttätige Macht, aus der heraus „die Schöpfung" geschaffen wurde (vgl. Gen 1; Weish 11, 17 f). Ja, es gibt sogar die Vorstellung, daß JHWH selbst das Chaos geschaffen hat (vgl. Jes 45, 7; Spr 8, 23 f). Dieses Chaos umgibt und durchwaltet permanent den Kosmos, wird aber von JHWH bekämpft (vgl. Jes 51, 9 f; Ps 74; 89; Ijob 26, 40 f) und beherrscht (vgl. Ps 46; 48; 93; 104). Diese Chaoskonzeption, die Israel mit seiner Umwelt teilt, macht in realistischer Weltsicht die täglich erfahrenen, irritierenden Gefährdungen des Kosmos und deren Widersprüchlichkeit zur biblischen Rede von Gott, der alles gut geschaffen hat, bewußt. Andererseits bietet sie mit ihrer Konzeption eines persönlichen Schöpfergottes den Ansatz, auf diesen Chaos-Kosmos-Kampf appellatorisch einzuwirken – eben durch die als Gebete zu Gott gestalteten Psalmen.

Diese Psalmen sind eine Form des menschlichen Kampfes gegen das Chaos – als Kampf *gegen* und *mit* Gott zugleich. Sie sind weder das Resultat dogmatischer Reflexion noch Ausdruck (hoher oder niedriger) ethischer Gesinnung. Sie sind Spiegel und Artikulation der Angst und der Lage, in der die Beter sich selbst vorfinden und / oder in der sie andere empfinden. Und sie sind dabei der Ausdruck ihrer leidenschaftlichen Überzeugung, daß diese Lage im Widerspruch zu ihrer geglaubten und erhofften Gottes-Wahrheit steht. Darin wollen diese Psalmen eine Heraus-Forderung Gottes zur Chaosbekämpfung sein. Dazu setzen sie auch die formgeschichtlich aus dem Beschwörungsritual stammenden „Feindverwünschungen" ein, mit deren (quasi)magischer Kraft sie „das Böse" schrecken sowie die schöpferischen und heilenden Kräfte freisetzen wollen; vor allem wollen sie damit Gott selbst aus seiner Reserve herausrufen.

Vielleicht sind die Direktheit der Gottes-Herausforderung und die in ihr sich ausdrückende Gewißheit, daß Gott in Geschichte und Gesellschaft wirken muß, die eigentliche Provokation dieser Psalmen für eine Christenheit, deren Gottesglaube sein Geschichtspotential soteriologisch verbraucht oder privatistisch-spiritualisierend ins Jenseits abgeschoben hat. Hier können die schrillen Töne der Feindpsalmen die Christenheit aus dem wohltemperierten Schlaf ihrer strukturellen Gottes-Amnesie aufschrecken.

Auch wenn die magisch-mythische Herkunft des die Psalmen prägenden dynamischen Weltbildes, das im übrigen nicht im Sinne einer Entwicklung zum Vollkommeneren mißverstanden werden darf, manche Begrenztheit mittransportiert, so ist seine „Leistungsfähigkeit" für die alltägliche Lebenspraxis kaum hoch genug zu beurteilen. Ich sehe diese vor allem in folgenden vier Aspekten:

(1) So sehr „die Feinde" in den Psalmen Exponenten des Chaos sind und so sehr auch ihr Wirken in der Bildsymbolik einer Gegenwelt bzw. einer rätselhaften strukturellen Übermacht dargestellt wird, so werden diese „Feinde" doch nicht mythisiert und dämonisiert. Selbst wo wie in Ps 58 der Chaos-Kosmos-Kampf als Götterkonflikt gezeichnet wird, wird dieser Ansatz vom Himmel auf die Erde gestellt und mit der konkreten gesellschaftlichen Realität verbunden (vgl. oben III.3). Darin zeigt sich die realistische Weltsicht dieser Psalmen. Sie decken die Gewaltmechanismen als von konkreten Menschen und Institutionen ausgehende Aktionen und Strategien auf. Mit ihren oft exzessiven Bildern benennen sie den Terror, den die offene und verschleierte Gewalt bewirkt. So sind sie der

notwendige Stachel gegen die Versuchung, die repressive und destruktive Gewalt zu verharmlosen oder zu ignorieren.

(2) Insofern die Psalmenbeter die Gewalt nicht nur dort beklagen, wo sie selbst unmittelbar von ihr bedrängt und bedroht sind, sondern sie als strukturelle und gottwidrige Störung der Erde als Lebenshaus aufdecken, entzaubern sie alle Ideologien, die mit allzu enthusiastischen Beglückungs- und Befreiungsangeboten auftreten.

(3) Diese Psalmen wollen und können das Netz der Gewalt bewußt machen, das eine feindliche oder als feindlich empfundene Umgebung insbesondere für Schwache, Kranke, Leidende und Angefochtene bedeutet. Mit ihren konkreten Äußerungen der Ängste und der Leiden holen sie diese Leiden mitten in den kultischen und gesellschaftlichen Alltag hinein. Sie sind Ausdruck jener Leidempfindlichkeit, die für biblische Frömmigkeit, ja für eine biblisch geprägte Lebensweise überhaupt konstitutiv ist. Daß und wozu das Christentum bei diesen Psalmen wieder in die Schule gehen muß, hat Johann Baptist Metz in seiner programmatischen Münsteraner Abschiedsvorlesung so erläutert:

„Immer wieder habe ich mich in den letzten Jahren gefragt, was eigentlich mit dem Christentum geschah, als es (übrigens als einzige der monotheistischen Hochreligionen) zur Theologie wurde. Dabei leitete mich nicht das Interesse an einer begriffslosen Entdifferenzierung des Christentums, es ging mir nicht um *vereinfachte Verhältnisse*, sondern um die Frage, ob in der Art der Theologiewerdung nicht etwas verdrängt, vergessen oder stillgestellt wurde, was gerade für die sprachliche und moralische Kompetenz des Christentums heute unverzichtbar ist. M. E. verlor das Christentum im Prozeß dieser Theologiewerdung seine Leidempfindlichkeit oder – theologisch gesprochen – seine Theodizeempfindlichkeit, d. h. die Beunruhigung durch die Frage nach der Gerechtigkeit für die unschuldig Leidenden. Und im gleichen Atemzug verlor es seine Zeitempfindlichkeit, d. h. die Beunruhigung durch die Frage nach der Frist der Zeit: Wie lange noch? Maranatha! Dieser zweifach-eine Verlust gilt üblicherweise keineswegs als solcher, er gilt vielmehr als Sieg, eben als Sieg der theologischen Vernunft, als theologischer Sieg vor allem über die jüdischen Traditionen im Christentum, und er ist doch in meinen Augen zur Wurzel der heutigen Kompetenzkrise des Christentums geworden, der gegenüber – ich wiederhole mich – alle Kirchenkrisen im Christentum sekundärer Natur sind.

Die christliche Gottesrede verlor ihre Leidempfindlichkeit. Von Anfang an versuchte die christliche Theologie, sich die beunruhigende Frage nach der Gerechtigkeit für die unschuldig Leidenden dadurch vom Leib zu halten, daß sie sie in die Frage nach der Erlösung der Schuldigen verwandelte. Die Theodizeefrage, die Frage nach Gott angesichts der abgründigen Leidensgeschichte der Welt, *seiner* Welt, geriet in einen soteriologischen Zirkel; sie wurde soteriologisch verschlüsselt – und dies nicht ohne schlimme Folgen. Das Christentum verwandelte sich aus einer Leidensmoral in eine Sündenmoral, aus einem leidempfindlichen Christentum wurde ein sündenempfindliches. Nicht dem Leid der Kreatur galt die primäre Aufmerksamkeit, sondern ihrer Schuld. Christliche Theologie wurde vor allem zu einer Heuristik der Schuldgefühle und der Sündenangst. Das lähmte ihre Empfindlichkeit für das Leid der Gerechten und verdüsterte die biblische Vision von der großen Gottesgerechtigkeit, der doch aller Hunger und Durst zu gelten hätte."[7]

(4) Indem die Feindpsalmen die Leidempfindlichkeit angesichts des Unglücks *der anderen* in der *eigenen* Gottesanrede des Gebets aufnehmen, stellen sie die Beter unausweichlich vor die Frage nach dem *eigenen* Anteil am Netz der Gewalt. Und zwar nicht primär unter der moralischen Kategorie der Sünde, sondern der *theologischen* Kategorie der Verhinderung des Gottesreichs der Gerechtigkeit und des Lebens. Damit wehren diese Psalmen dem Unschuldswahn und setzen, nicht zuletzt

durch die in ihnen immer wieder gebrauchten Fragen „Wie lange noch? Wozu?", die Beter selbst unter den Zeitdruck, den die gut jüdische Vater-Unser-Bitte zusammenfaßt: „Dein Reich komme!"

4. Poetische Gebete

Was von den Psalmen insgesamt gilt, muß bei den Feindpsalmen in besonderer Weise bedacht und geschmeckt werden: Sie sind Poesie und als solche leben sie von und in ihrer vielgestaltigen Bildsprache, mit der sie Erfahrungen verdichten sowie in ihrer Tiefe und bleibenden Lebendigkeit weitergeben wollen und in der sie die dramatischen Ängste und aufwühlenden Schmerzen, aber auch die Brutalität der feindlichen Gewalt und ihre Hoffnungen auf die Interventionen des den Teufelskreis der Gewalt beendenden Gottes zeichnen und beschwören. Wer mit Dichtung, Literatur und Malerei vertraut ist, wird den Zugang zu den Psalmen als Poesie unschwer finden. Wer hingegen durch die weithin unpoetische Sprache der üblichen christlichen Gebetsliteratur vorbelastet oder verdorben ist, wird sich für diesen Zugang sensibel und frei machen müssen, zumal manche Bilder sich erst aus dem Wissen um ihre kultur- und religionsgeschichtliche Herkunft tiefer erschließen. Deshalb muß man sich in diese Bildwelt „einsehen" – wie bei anderer Poesie auch!

Wer die Bildsprache der Psalmen als poetisches Ausdrucksmedium erfassen und die in den Bildern eingefangenen Erfahrungen und Hoffnungen wecken will, darf nicht beim bloß inhaltlichen Verstehen der Bilder stehenbleiben. Es kommt darauf an, die Bildgestalt auch in ihrer kompositionellen Technik wahrzuneh-

men. Bisweilen wird mit einzelnen Bildelementen gespielt, bisweilen werden Bildcollagen und Bildkaska-
den spannungsreich, ja in gezielt schockierender
Absicht nebeneinander gestellt oder miteinander ver-
schmolzen, manchmal liegt einem Psalm ein einziges
großes Bild zugrunde, dann wieder gibt es eine kunst-
volle Mischung zwischen Bildsprache und Begriffs-
sprache. Wie immer die Bildtechnik in den einzelnen
Psalmen realisiert ist, worin die poetische Kraft und
Faszination liegt, dürfte sich dem, der sich darauf einläßt, immer wieder überraschend neu erschließen: Gerade durch ihre Bildsprache sind die Psalmen offen für
die vielen Konkretionen, die das Leben mit sich bringt,
und kreativ für die täglich neu geforderte Fähigkeit,
den Kampf gegen Gewalt und Leid aufzunehmen – in
der betenden Heraus-Forderung Gottes.

Die Feindpsalmen leben vor allem von der Spannung
der in ihnen gestalteten destruktiven und konstruktiven
Bilder. In ihnen sind Bilder der Angst und Bilder der
Hoffnung so intensiv miteinander verwoben, daß das
Hineintauchen in diese Bildwelt geradezu therapeuti-
sche Kräfte in uns freisetzen kann. Auf diese Dimension der Psalmensprache hat uns zu Recht der
tiefenpsychologische Zugang zur Poesie aufmerksam
gemacht.

Da sind zunächst Bilder der Angst, die denen unserer Träume sehr ähnlich sind: „Steigende Wasser, das
Versinken im Schlamm, Dürre und glühender Durst,
Gleiten und Fallen, reißende Tiere und übermächtige
Feinde... Den flüchtigen Gestalten unserer Träume
aber haben sie das voraus, daß sie von anderer Konsi-
stenz sind, einprägsam und behältlich, und daß sie auch
einer ganz sachlichen nüchternen Betrachtung noch
standhalten. Es sind Zeichen, die wie die unserer
Träume direkt unsere Ängste und Wünsche anspre-

chen... Es handelt sich um ein sprachliches Zeichen, dessen Eigenart etwa so beschrieben werden müßte: Es verbindet die Wirklichkeit äußerer Erfahrung nachhaltig mit der Welt unserer inneren Bilder; es verweist zugleich auf diese wie auf jene Realität und hält so semantisch beide beieinander."[8] In diesen Bildern können unsere anonymen und elementaren Ängste zur Sprache kommen und dadurch ihre Destruktivität verlieren. „Was ist das Reden von den Feinden anderes als das Reden von den eigenen Ängsten? Mein Feind im vollen Sinne ist allemal der, der mir Angst macht, und umgekehrt: Wo ich Angst habe, sehe ich mich umgeben von Feinden, menschlichen oder auch übermenschlichen; ja, ich kann mir in der Projektion meiner Ängste selbst Feinde schaffen. Wenn es aber um wirkliche Ängste geht, wie soll man dann anders von ihnen reden als so, daß man mit aller Leidenschaft nach der Befreiung von ihnen sucht, und d. h. auch nach der Befreiung von ihren Urhebern?"[9] Gerade dies geschieht in den Psalmen abermals mit Ur-Bildern, deren heilende und befreiende Kraft dadurch verstärkt wird, daß sie zwar einerseits ein Handeln Gottes ausdrücken, aber andererseits dem betenden Subjekt zum Selbstand verhelfen wollen. Man kann diese Psalmen geradezu als Partituren der Subjektwerdung lesen. Daß Gott die Füße des geängsteten Beters auf festen Grund stellt, daß er ihn hinausführt ins Weite, daß er seine Finsternis hell macht, daß er ihn wie einen Schöpfeimer mit gutem Quellwasser für andere herauszieht – das sind Bilder, die zu aufrechtem Gang inmitten chaotisierender Ängste bewegen können.

Daß die sogenannten Rachepsalmen *poetische* Gebete sind, unterscheidet sie von penetrantem Jammern und von propagandistischer Rhetorik. Als Poesie stehen die meisten dieser Psalmen auf jener schmalen

Scheidelinie der Diskretion, die ein echtes Kunstwerk bei all seiner Unmittelbarkeit von der peinlichen Direktheit oder nichtssagenden Manieriertheit trennt.

Die poetische Kraft dieser Psalmen kommt vor allem in ihrer Funktion als Klage und Anklage zum Ausdruck. Da die Klage aus unserer christlichen Gebetsliteratur weitgehend verschwunden ist, ist es nicht verwunderlich, daß viele Christen auf diese Klage- und Anklagepsalmen mit Unverständnis reagieren – obwohl gerade Jesus mit dem psalmistischen Gott-Anklage-Schrei schlechthin gestorben ist: „Mein Gott, wozu hast du mich verlassen?" (Ps 22, 2 = Mk 15, 34). Viele Christen und die kirchenamtlichen Liturgen scheinen mit der Verdrängung der Klage aus unserer Gebetskultur dem zu folgen, was Martin Luther hierzu angemerkt hat:

> „Wenn man das, was in Christus vorging, in allen Stücken gleicherweise auf uns übertragen würde, so wäre es Lästerung und Murren, während es bei ihm nichts war als gewissermaßen eine Erschütterung der schwachen Natur, in allem freilich unserem Lästern und Murren ähnlich!"[10]

Gerade die Darstellung des Sterbens Jesu am Kreuz in der Passionsgeschichte des Markus widerspricht dem und setzt die Klage in ihr volles „Menschenrecht" ein, wenn sie den Hauptmann als Antwort auf die Klageschreie Jesu sagen läßt: „Wahrlich, *dieser Mensch* ist Gottes Sohn gewesen!" (Mk 15, 39). Wenn man beachtet, wie die Passionsgeschichte die Sterbeszene dadurch konsequent auf den Klageschrei Ps 22, 2 hin gestaltet hat, daß die Abfolge der in Mk 15 eingespielten Textelemente aus Ps 22 gegenüber dem Psalm selbst gegenläufig ist und voll auf den Psalmanfang zusteuert, wird offenkundig, daß Mk gerade den hoffnungsvollen Schluß von Ps 22 ausblenden will.[11] Vor dem Hintergrund der Mk 15 prägenden Vorstellung von Jesus als dem „leidenden Gerechten" ist Ps 22,2 im Munde Jesu das anklagende Offenhalten der Theodizeefrage: Im anklagenden Festhalten an Gott, wo alles *gegen* diesen Gott spricht, ist „dieser Mensch wahrlich Gottes Sohn gewesen" (Mk 15,39).

Als poetische Gebete sind die Rachepsalmen das leidenschaftliche Festhalten an Gott, wo eigentlich alles *gegen* Gott spricht. Man kann sie deshalb zu Recht *Eiferpsalmen* nennen, insofern in ihnen die Leidenschaft für Gott glüht – mitten in der Asche des Gotteszweifels und der Verzweiflung an den Menschen. Diese Psalmen sind Ausdruck der Sehnsucht, daß das Böse und die Bösen nicht das letzte Wort in der Geschichte haben dürfen, denn diese Welt und die Geschichte gehören Gott. So sind diese Psalmen, um fachtheologisch zu sprechen, realisierte Theodizee: Sie geben Gott recht, indem sie *ihm* das letzte Wort übergeben. Sie übergeben *ihm* nicht nur die Klage über die Not, sondern auch das Gericht über die Verursacher der Not. Sie stellen ihm *alles* anheim – sogar die Haßgefühle und die Aggressionen.

Diese Psalmen stammen nicht aus der wohltemperierten Stimmungslage von Menschen, denen man jegliche Sensibilität und Emotionalität ausgetrieben hat. Im Gegenteil: Diese Psalmen machen Ernst mit der biblischen Grundüberzeugung, daß man im Gebet alles, wirklich alles sagen darf – wenn man es nur GOTT, der uns Vater und Mutter ist, sagt. Daß verdrängte Angst und unterdrückte Aggressivität nicht die Gewalttätigkeit überwinden, sondern potenzieren, haben wir inzwischen aus der Psychologie gelernt. Es kommt darauf an, mit Ängsten und Aggressionen leben zu lernen, indem man sie sich bewußt macht und gegen ihre Destruktivität angeht. Die Psalmen verdrängen diese nicht, sondern sprechen sie vor GOTT aus und übergeben sie in SEINE Hände. Wer an der Ungerechtigkeit und an der Sünde als einem Widerspruch zur Liebe leidet und *deshalb* zu GOTT schreit, damit ER der Gewalt und der Menschenverachtung ein Ende setzt, wird dadurch nicht gehindert, in der konkreten Begegnung mit Menschen Solidarität und Liebe zu leben. Wer die Eiferpsalmen betet, tut dies nicht blinden, sondern sehenden Auges – und im Vertrauen darauf, daß GOTT das letzte Wort haben wird und daß größer als seine Gerechtigkeit dennoch seine Liebe ist. Wer sich *so* über die Gewaltpsalmen ärgert, hat sie ein wenig verstanden.

Die Gewaltpsalmen gehören ganz bestimmt zu jenen Liedern, von denen Günter Eich (im Hörspiel „Träume") sagt:

„Tut das Unnütze, singt die Lieder,
die man aus eurem Mund nicht erwartet!
Seid unbequem, seid Sand,
nicht das Öl im Getriebe der Welt."

Wer diese Lieder singt, singt sie als Schrei nach Veränderung und als Melodie der Sehnsucht nach einer Welt ohne Tränen – meist in Melancholie darüber, daß es diese Welt ohne Tränen nie geben wird. Deshalb singt er sie als Lieder des Protestes und des Kampfes. Und all dies klingt zusammen als kraftvolles Lied des Widerstands gegen die dünnen Melodien, die von einem Leben in teilnahmsloser Selbstzufriedenheit und idyllischer Gottergebenheit singen. Das Lied der Eiferpsalmen will uns bewahren vor einem Absacken in die Banalität und Geheimnislosigkeit des Lebens, gerade mit seinen schrillen und aufschreckenden Tonbildern!

5. Die Rachepsalmen – Offenbarung Gottes?

Vieles von dem, was wir bisher zum Verständnis der Feindpsalmen gesagt haben, wird mit Zustimmung rechnen können. Aber es bleibt das grundsätzliche Problem: Daß Menschen in extremen Situationen des Leids und der Ohnmacht angesichts übermächtiger Feinde ihre Not herausschreien und wünschen, daß ihre Feinde zuschanden, ja vernichtet werden, mag tolerabel erscheinen, vielleicht sogar akzeptabel – als Ausdruck und Folge menschlicher Begrenztheit, der wir alle unterworfen sind. Aber daß dies in Gebeten geschieht, daß dafür Gott bemüht wird, dessen Gott-Sein sich gerade in der Gewalttätigkeit erweisen soll, daß dies in der Heiligen Schrift steht, die wir Offenbarung Gottes nennen, und daß uns solche Gebete auch noch im Namen Gottes empfohlen werden, muß sich dagegen nicht doch der massive Einspruch zumindest einer kritischen christlichen Theologie erheben? Müssen wir an der Schwelle zum dritten Jahrtausend nicht endlich alle Kraft aufwenden, um die Gewaltpotentiale zu minimieren? Wird es nicht höchste Zeit, daß zumindest die großen Religionen der Menschheit *alle* Gewaltperspektiven ihrer eigenen Traditionen selbstkritisch aufdecken und durch konsequente Gewaltlosigkeit, insbesondere in ihren offiziellen Texten, gegensteuern?

Mit diesen letzten Fragen dürfte schon eines deutlich geworden sein: Dies ist kein spezifisches Problem des Judentums, so daß sich das Christentum dadurch aus der Affäre ziehen könnte, daß die Gewaltperspektive eben das jüdische Erbe sei, von dem es sich noch nicht genügend befreit habe. Hinsichtlich der Gewaltpsalmen ist dies das ausgesprochene oder unausgesprochene Vorurteil all jener Positionen, die diese Psalmen als „unterchristlich", „unchristlich" und „vorchristlich" ablehnen (vgl. dazu oben I.3). Daß die Verteilung „Gewalt bzw. Gott der Gewalt = Altes Testament, Judentum" und „Gewaltlosigkeit bzw. Gott der Gewaltlosigkeit = Neues Testament, Christentum" weder dem biblischen Textbefund noch der Geschichte entspricht, liegt so auf der Hand, daß man sich nur wundern kann, daß diese dümmlichen Klischees immer noch vertreten werden. In neuer Variante (wenngleich nur als Aufguß der schon von Markion entwickelten Thesen) wird diese Position derzeit von Theologen verkündigt, die die im Neuen Testament gegebenen Gewaltaussagen, die sich dort sogar im Munde des biblischen Jesus finden, als typisch alttestamentlich-jüdische Verzeichnung und Übermalung der ureigenen Jesus-Botschaft durch die neutestamentlichen Autoren erklären, so daß es darauf ankäme, daß das Christentum endlich konsequent „entjudaisiert" werden müsse.[12] Der „neue Wein" des Gewaltverzichts und der Liebe müsse befreit werden von den „alten Schläuchen", in die die jüdischen Jünger Jesu ihn verpackt hätten.[13]

Daß einerseits die Antithese AT-NT bzw. Jesus-Judentum den biblischen Texten widerspricht und daß andererseits die Gewalttexte der Bibel in Spannung stehen zu den gewaltkritischen Passagen, die es nicht nur im Neuen Testament, sondern (vielleicht sogar noch pointierter) auch im Ersten Testament gibt, zeigt uns – zusammen mit der Einsicht, daß sich das Problem Religion und Gewalt in *allen* Religionen stellt – einen Ausgangspunkt auf, von dem her wir uns dieser Frage nähern können.

Daß *beide Testamente* sowohl die Gewalt Gottes als auch das Ende der Gewalt erflehen, erinnert uns an die theologische Grundwahrheit, daß die Bibel nicht Offenbarung im Sinne der unmittelbaren, verbalen Mitteilung Gottes ist, sondern „*Wort Gottes in menschlicher Sprache*

Sprache".[14] Dieses Grundaxiom hat weitreichende Konsequenzen für die Hermeneutik biblischer Texte.

Die grundlegende Konsequenz ist der Ausschluß eines fundamentalistischen Umgangs mit diesen Texten, der in zweifacher (untereinander geradezu gegensätzlicher) Weise auftritt. Entweder werden von einem fundamentalistischen Offenbarungsverständnis her *alle* Texte als in gleicher Weise normativ verteidigt („Das Wort Gottes lasset stan!"), oder bestimmte Einzeltexte müssen eben als mit dem biblischen Anspruch, „Offenbarung Gottes" zu sein, unvereinbar „ausgeschieden" werden. Von einem derart fundamentalistischen Ansatz her müßte man eine ganze Reihe von Texten sowohl aus dem Ersten Testament als auch aus dem Neuen Testament ausscheiden. Ich nenne drei Beispiele:

Was Paulus im 1. Korintherbrief über die Ehe sagt (und was von vielen Theologen jahrhundertelang als christlich normativ vertreten wurde und manche kirchenamtliche Dokumente „inspiriert" hat), ist schlechterdings nicht als „verbales" Gotteswort akzeptabel:

> „Nun zu den Anfragen eures Briefes! ‚Es ist gut für den Mann, keine Frau zu berühren.' Wegen der Gefahr der Unzucht soll aber jeder seine Frau haben, und jede soll ihren Mann haben. Der Mann soll seine Pflicht gegenüber der Frau erfüllen, und ebenso die Frau gegenüber dem Mann. Nicht die Frau verfügt über ihren Leib, sondern der Mann. Ebenso verfügt nicht der Mann über seinen Leib, sondern die Frau. Entzieht euch einander nicht, außer im gegenseitigen Einverständnis und nur für eine Zeitlang, um für das Gebet frei zu sein. Dann kommt wieder zusammen, damit euch der Satan nicht in Versuchung führt, wenn ihr euch nicht enthalten könnt. Das sage ich als Zugeständnis, nicht als Gebot. Ich wünschte, alle Menschen wären (unverheiratet) wie ich. Doch jeder hat seine Gnadengabe von Gott, der eine so, der andere so" (1 Kor 7, 1–7).

Analog müßte man bei einem fundamentalistischen Offenbarungsverständnis vielen Kriegs- und Vernichtungstexten des Ersten Testaments die Kennzeichnung „Offenbarung" verweigern (auch wenn – vielleicht muß man besser sagen: weil – derartige Texte gerade in der Kirchengeschichte, vor allem im Missionierungskontext z. B. Südafrikas und Lateinamerikas, als biblisch-göttliches „Gebot" mit schrecklichen Konsequenzen für die Ur-Religionen dieser Kontinente verstanden wurden). Ich zitiere als kleines Beispiel aus dem 7. Kapitel des Buches Deuteronomium, wo die dort entfaltete Theologie von der Liebe (!) Gottes zu Israel zugleich mit schrecklichen Vernichtungsphantasien verbunden ist.

„Wenn JHWH, dein Gott, dich in das Land geführt hat, in das du jetzt hineinziehst, um es in Besitz zu nehmen, wenn er dir viele Völker aus dem Weg räumt – Hetiter, Girgaschiter und Amoriter, Kanaaniter und Perisiter, Hiwiter und Jebusiter, sieben Völker, die zahlreicher und mächtiger sind als du –, wenn JHWH, dein Gott, sie dir ausliefert und du sie schlägst, dann sollst du sie der Vernichtung weihen. Du sollst keinen Vertrag mit ihnen schließen, sie nicht verschonen und dich nicht mit ihnen verschwägern. Deine Tochter gib nicht seinem Sohn, und nimm seine Tochter nicht für deinen Sohn! Wenn er deinen Sohn verleitet, mir nicht mehr nachzufolgen, und sie dann anderen Göttern dienen, wird der Zorn JHWHs gegen euch entbrennen und wird dich unverzüglich vernichten. So sollt ihr gegen sie vorgehen: Ihr sollt ihre Altäre niederreißen, ihre Steinmale zerschlagen, ihre Kultpfähle umhauen und ihre Götterbilder im Feuer verbrennen. Denn du bist ein Volk, das JHWH, deinem Gott heilig ist. Dich hat JHWH, dein Gott ausgewählt, damit du unter allen Völkern, die auf der Erde leben, das Volk wirst, das ihm persönlich gehört. Nicht weil ihr zahlreicher als die anderen Völker wäret, hat euch JHWH ins Herz geschlossen und ausgewählt; ihr seid das kleinste unter allen Völkern. Weil JHWH euch liebt... Du wirst alle Völker verzehren, die JHWH, dein Gott, für dich bestimmt. Du sollst in dir kein Mitleid aufsteigen lassen..." (Dtn 7,1–5.16).

Das dritte Beispiel, an dem deutlich wird, daß biblische Texte nicht in fundamentalistischem Sinne wortwörtlich geoffenbartes Gotteswort sein können, nehme ich nochmals aus dem Neuen Testament. Was Paulus in 2 Kor 3,4–4,6 in Auseinandersetzung mit seinen judenchristlichen Opponenten über das sogenannte Alte Testament und insbesondere über die Erzählung Ex 34,29–35 sagt, wird man nicht als geoffenbarte autoritative Auslegung der alttestamentlichen Geschichte, sondern eher als frommen Betrug[15] in guter Absicht, aber mit gleichwohl fataler Wirkungsgeschichte werten müssen:

> „Weil wir eine solche Hoffnung haben, treten wir mit großem Freimut auf, nicht wie *Mose, der über sein Gesicht eine Hülle legte*, damit die Israeliten das Verblassen des Glanzes nicht sahen. Doch ihr Denken wurde verhärtet. Bis zum heutigen Tag liegt die gleiche Hülle auf dem Alten Bund, wenn daraus vorgelesen wird, und es bleibt verhüllt, daß er in Christus ein Ende nimmt. Bis heute liegt die Hülle auf ihrem Herzen, wenn Mose vorgelesen wird. Sobald sich aber einer dem Herrn zuwendet, *wird die Hülle entfernt*..." (2 Kor 3,12–16).

Was muß ein theologisch verantworteter Umgang mit diesen drei Texten bedenken, der einen fundamentalistischen Biblizismus hinter sich läßt und diese Texte (und die Bibel insgesamt!) dennoch als Gottes Offenbarung hören kann? Mir erscheinen folgende fünf Aspekte als wichtig und unverzichtbar:

(1) Die Offenbarungsdignität biblischer Texte läßt sich nicht nach dem immer noch weit verbreiteten Muster eines *evolutiven* Offenbarungsmodells retten, wonach die als problematisch empfundenen Texte des sogenannten Alten Testaments eben eine noch unvoll-

kommene Stufe der Offenbarung widerspiegeln, die im Neuen Testament überwunden sei. Daß dies dem Textbefund selbst widerspricht, belegen die oben zitierten zwei Beispiele aus dem Neuen Testament. Wer möchte behaupten, daß das alttestamentliche Hohelied und eine sachgemäße Interpretation von Gen 2, 4b-25 nicht eine für uns theologisch weit akzeptablere Sicht der Sexualität und der Ehe bieten als 1 Kor 7, 1–7? Nein, daß biblische Einzeltexte in sehr unterschiedlicher Entfernung oder Nähe zu dem sind, was wir heute als biblische Grundbotschaft hören, gilt für *beide Teile* unserer christlichen Bibel in gleicher Weise.

(2) Ehe die Diskussion über den Offenbarungsanspruch der Texte beginnen kann, müssen wir uns mit Hilfe der historischen Kritik darum bemühen, *zu verstehen*, was die Texte zur Zeit ihrer Entstehung ihren Hörern / Lesern sagen wollten. Sie sind nicht als zeitlose Wahrheit formuliert worden, sondern in ganz spezifischen gesellschaftlichen und religionsgeschichtlichen Kontexten. Nur wenn die ursprünglichen und heutigen *Kontexte* mitreflektiert werden, können die *Texte* überhaupt erst verstanden werden. Dies gilt für *alle* biblischen Texte, auch für solche, die uns als weniger sperrig erscheinen.[16]

(3) Biblische Texte sind immer nur Teiltexte der *ganzen* Bibel bzw. des ganzen Kanons. Den drei zitierten Textbeispielen lassen sich problemlos andere biblische Texte an die Seite stellen, die das Gegenteil oder zumindest eine massive Einschränkung aussagen. Auch von daher dürfen Einzeltexte nicht verabsolutiert werden, sondern stehen immer im Dialog mit anderen Texten zum gleichen Thema. Methodisch heißt dies: Biblische Texte müssen kanonisch gehört werden. Texte zum gleichen Thema legen sich gegenseitig aus. Als Teiltexte haben sie nur begrenzte Aussagekraft; ih-

ren Tiefensinn *(sensus plenior)*, der über den vom Einzelautor intendierten Sinn hinausgeht, erhalten sie von der Bibel als ganzer her.

(4) Die Bedeutung eines Einzeltextes klärt sich auch aus dem Kontext der Glaubens- und Lebensgemeinschaft, in der und für die der Text kanonische Gültigkeit erlangt hat. Der gleiche Text kann deshalb im Judentum und im Christentum unterschiedliche *Offenbarungsvalenz* haben. Er kann aber auch zu unterschiedlichen Zeiten und an unterschiedlichen Orten eine jeweils anders akzentuierte Wahrheit vermitteln. Deshalb ist auch die Wirkungs- und die Rezeptionsgeschichte, die ein einzelner Text im Laufe der Judentums- und Christentumsgeschichte erfahren hat, mitzubedenken, wenn sein Offenbarungscharakter reflektiert wird. In einer bestimmten Situation konstruktiv-befreiende Einzeltexte wie Dtn 7 und 2 Kor 3, 4–4, 6 können insgesamt gesehen eine derart destruktive Rezeption erfahren haben, daß gerade die Erkenntnis dieser negativen Rezeptionsgeschichte konstitutiv zur Offenbarungsdimension dieser Texte hinzugehört.

(5) Strenggenommen sind nicht die einzelnen biblischen Texte Offenbarung Gottes, so daß die Bibel eine Sammlung von Offenbarungen und vom Himmel gefallener ewiger Wahrheiten wäre. Nur die *Bibel als ganze* ist Offenbarung Gottes, d. h. Niederschlag und Widerspiegelung jenes Geschehens, in dem Gott sein Volk Israel und die Kirche, die einzelnen Menschen und alle Welt so mit ihm konfrontiert, daß sie sich selbst und ihren Weg zur Gottesgemeinschaft zu begreifen beginnen. Das ist Offenbarung, wie sie in der jüdischen und christlichen Bibel geschieht: „In dem, was wir von Gott erfahren, lernen wir, uns selber zu verstehen, lernen wir es, wahre Menschen zu sein." [17] Die Bibel nimmt uns mit ihren so unterschiedlichen Gotteszeugnissen in den

faszinierenden Prozeß der Gott-Suche hinein, zu dem die Menschen gelockt werden durch den sie rufenden und durch den sie tröstenden Gott. Die Bibel als Offenbarung Gottes annehmen heißt deshalb, sich im Dialog mit biblischen Einzeltexten auf den Weg der Gott-Suche machen, der nie abgeschlossen ist. Jürgen Werbick hat diesen Prozeß so gekennzeichnet:

> „Die Faszination des in Gottes Selbstoffenbarung erschlossenen, gebahnten und uns aufgegebenen Weges macht die Glaubensgewißheit aus. Es ist die Gewißheit, daß Gott sich finden läßt von denen, die ihn suchen, ja, daß er mit denen sucht, die ihn suchen, daß er mit und unter ihnen sucht und versucht, wie seine heilsame Herrschaft unter den Menschen ankommen und sie verändern kann. Gott mit Gott suchen, es mit ihm versuchen, das ist ein Wagnis, weil man nicht schon hat, was man sucht. Aber man sucht, man fragt weiter, weil man schon gefunden hat; und was man schon gefunden hat, das begründet die frohe, die gelassene, die angefochtene Zuversicht, daß es gut ist weiterzusuchen, es weiter zu versuchen. Das ist das Grundgesetz der Liebe."[18]

Vor dem Hintergrund dieser fünf Überlegungen partizipieren die Rachepsalmen in unterschiedlichen Kontexten und Funktionen an der Offenbarungsdynamik der Bibel. Gegen alle Versuchungen, den Terror der alltäglichen Gewalt zu verharmlosen oder zu verdrängen, auch gegen die Neigung der Theologie, das Leiden der Menschen an Gewalt zu marginalisieren und beispielsweise in der offiziellen Liturgie zu spiritualisieren, konfrontieren diese Psalmen uns mit der Realität der Gewalt und vor allem mit der Frage nach den Verursachern dieser Leiden und mit ihrer Verurteilung durch das Gericht Gottes. Dabei zwingen sie uns nicht selten zu dem (Schuld-)Bekenntnis, daß *wir selbst* gewalttätig sind und zu den *Verursachern* der in den Psalmen beklagten Leiden gehören. *Darin* sind diese Psalmen Of-

fenbarung Gottes, daß in ihnen Gott selbst uns
gewissermaßen darauf stößt, daß es in dieser unserer
Welt Leidenssituationen gibt, in denen solche Psalmen
den leidenden Menschen das Letzte sind, was ihnen geblieben ist – als Protest, Anklage und Hilfeschrei. Daß
diese Psalmen im Munde der Opfer kontextuell legitim
sind, aber im Munde der Henker eine Blasphemie wären – außer als Ausdruck der Bereitschaft, sich mit diesen Psalmen unter das Gottesgericht zu stellen –, ergibt
sich von selbst.

Diese Psalmen haben also eine mehrfache Offenbarungsdimension, deretwegen sie nicht aus der Bibel gestrichen werden dürfen:

(1) Sie können die Opfer von Gewalt davor bewahren, angesichts der Übermacht ihrer Leiden sprachlos
und apathisch zu werden – oder sich gar als Sünden-
böcke eines unbegreiflichen Gotteszorns zu fühlen. Indem sie mit Gott gegen Gott um Gerechtigkeit
kämpfen, halten sie die Gottesfrage offen, selbst dort,
wo sie durch die Macht der Realität beantwortet zu sein
scheint – zuungunsten der Leidenden.

(2) Sie decken das Gewaltpotential als Realität
menschlichen Zusammenlebens auf und schreien nach
Veränderung und Hilfe. In ihren provozierenden und
schockierenden Bildern halten sie die Provokation und
das Ärgernis fest, das die als feindlich und gewalttätig
erlebte Welt ist – sowohl angesichts der Rede von
einem guten Gott als auch angesichts der Sehnsucht der
Menschen nach Harmonie und Heil. Nicht diese Psalmen sind das Ärgernis und die Provokation, sondern
die Menschen und ihre Welt sind das Ärgernis. Weil
dies so ist, braucht es diese Psalmen. In ihnen wird Gott
selbst mit diesem Ärgernis konfrontiert.

(3) Als biblische Teiltexte stehen die Rachepsalmen
neben anderen Texten der Bibel, die Gewalt als Reak-

162

tion auf Gewalt bekämpfen, vom Gewaltverzicht als Weg zur Überwindung von Gewalt reden, ja sogar von einem Ende der Feindschaft durch das Kommen des Gottesreichs der Gerechtigkeit und des Friedens träumen. Diese „Anti-Gewalt-Texte" finden sich nicht nur im Neuen Testament, sondern besonders zahlreich gerade im „Alten" / Ersten Testament. Auch diese Texte müssen, sollen sie ihre gesellschaftsverändernde Kraft entfalten, kontextuell gelesen und gelebt werden – nicht zuletzt in der Konfrontation mit den biblischen „Gewalttexten".

Daß mit diesen angedeuteten Differenzierungen die Schwarz-Weiß-Alternative sowohl des unkritischen wie des kritischen Fundamentalismus überwunden wird, dürfte hinreichend deutlich geworden sein. Wenn die Bibel als Offenbarung Gottes die Vielfalt und Vielschichtigkeit des Lebens mit Gott konfrontieren soll, muß die Komplexität der biblischen Einzeltexte im Gesamt des biblischen Kanons lebendig und gültig bleiben.

Folgerungen für die Praxis

1. Revitalisierung der Klage in der liturgischen Gebetskultur

Die Feindpsalmen konfrontieren uns mit der Gewalt – und zwar mit der alltäglichen, strukturellen Gewalt als konstitutiver Lebenswirklichkeit. Das ist, so haben wir in IV.5 gesagt, ihre Funktion als Offenbarung Gottes. Und zugleich ist es ihre Funktion, daß wir dazu „Nein" sagen lernen und über diesem „Nein" zur Mitwirkung bei der Minimierung von Gewalt und Feindschaft angestoßen werden, wie dies der klinische Psychologe Udo Rauchfleisch beschreibt:

„Wenn wir uns dem Thema von dieser alltäglichen Seite her nähern, entdecken wir plötzlich – und sicher mit Erschrekken – daß Gewalt keineswegs etwas ist, das immer nur ‚die anderen' angeht. Unversehens stehen wir der Tatsache gegenüber, daß *wir selber*, und zwar jeder von uns auf seine Weise, nicht nur Opfer von Gewalt sind, sondern auch Täter... So groß auch unsere Hoffnung auf eine Welt ohne Gewalt sein mag, so wenig realistisch dürfte ein solcher Entwurf doch sein. Wir müssen davon ausgehen, daß Aggression in ihrer konstruktiven wie in ihrer destruktiven Form zur Grundausstattung des Menschen gehört und daß wir deshalb stets mit der Gewalt in uns selbst und unseren Mitmenschen rechnen müssen. Indes sind wir diesen Kräften nicht völlig hilflos ausgeliefert, sondern wir besitzen vielfältige Möglichkeiten, damit in verschiedener Weise umzugehen und destruktive Entwicklungen frühzeitig zu erkennen und dadurch Schlimmstes zu verhüten. Dazu aber sind wir um so eher fähig, je hellhöriger wir für diese Phänomene sind – und das heißt in einem letzten Sinne: je bewußter uns die in uns selbst schlummernde Gewalttätigkeit ist... Die Gewalt steht hinter uns und bedroht uns, sie mag sogar schon von unserem Haus Besitz ergriffen und uns gezwungen haben, ihr zu dienen. Und dennoch halten wir dieser von Destruktivität erfüllten Welt die Vision einer besseren Zukunft entgegen und dürfen darauf hoffen, daß es uns dadurch gelingt, anstelle von Flammen der Gewalt wenigstens einen Funken von Hoffnung in uns lebendig zu halten."[1]

Die biblischen Feindpsalmen setzen sich nicht distanziert analytisch mit der Gewalt auseinander, sondern in der Form der Klage und der Anklage. Und zwar nicht nur in der Klage über die Destruktivität der Gewalt oder in der anklagenden Auseinandersetzung mit den Gewalttätern, sondern in der Form der leidenschaftlichen Rückfrage nach Gott, genauer: in der Anklage Gottes selbst angesichts des sogenannten Theodizeeproblems. Die Feindpsalmen artikulieren nicht nur die katastrophische Gebrochenheit menschlicher Existenz und das Eingebundensein in eine von Leid entstellte Welt, sondern sie halten die dadurch aufgezwungene Verweigerung der Daseinszustimmung aus – indem sie diese Verweigerung Gott selbst, klagend und anklagend, entgegenhalten. In dieser Perspektive sind die Feindpsalmen die dichteste Form des Gebets: Sie strecken sich nach Gott aus, wo alles gegen Gott zu sprechen scheint. Wo *alles gegen* Gott spricht, sprechen die Beterinnen und Beter *alles zu* Gott.

Damit wir diese Leistungsfähigkeit der biblischen Feindpsalmen erfassen, müssen wir in unserer liturgischen Gebetskultur die Klage wieder neu entdecken. In einer eindrucksvollen Analyse unserer aktuellen christlichen Gebetspraxis und Gebetstheologie hat Ottmar Fuchs 1987 unter der Überschrift „Klage. Eine vergessene Gebetsform" bestätigt, was schon einige Jahre zuvor der evangelische Systematiker Otto Bayer festgestellt hatte:

„Seit den ältesten Zeiten der Kirche ist die Klage im Gottesdienst fast erloschen, im alltäglichen Leben der Christen zurückgedrängt und, wo sie elementar hervorbricht, ohne Form; die theologische Reflexion endlich hat sie völlig vernachlässigt. Mit der Aufnahme der Psalmen Israels als Urgebete auch der Kirche verschwand sie faktisch zwar nicht. Aber ihrer fundamentalen Bedeutung wurde in der Liturgie und in der Theologie keineswegs Rechnung getragen. Bis heute bildet sie keinen entscheidenden Gesichtspunkt der Dogmatik und Ethik und fehlt in der Begriffssystematik der maßgebenden Handbücher und Lexika." [2]

Hier wird der Punkt angesprochen, von dem aus unsere liturgische Praxis die Änderung herbeiführen muß. Wir rezitieren zwar in der Liturgie die Klagepsalmen, aber wir realisieren sie nicht *als Klage und Anklage Gottes*, weil diese Gebetsform liturgisch eigentlich nicht vorgesehen ist und weil die Anklage Gottes strenggenommen auch nicht als legitime Form christlichen Betens gilt. O. Fuchs macht in der genannten Studie darauf aufmerksam, daß beispielsweise in dem Abschnitt „Persönliche Gebete" unseres Gebet- und Gesangbuchs „Gotteslob" (Gotteslob S. 17–42) die Klage nicht vorkommt:

„Warum und woher kommt diese Scheu, das... Klagen auch als geformtes Klagegebet und als solchen Sprechakt namhaft zu machen und damit (in einem offiziellen Gebetbuch der deutschen Kirche) auch als eine gleichsam kirchlich-approbierte spirituell mögliche Gottesbeziehung anzubieten? Die Gebete selbst benennen zwar die eigene Notsituation und die entsprechenden Reaktionen des Beters, leiten freilich zu schnell zur vertrauenden Bitte über: bis hin zur Ergebung, alles ertragen zu wollen! Insgesamt wirken diese Gebete dämpfend und beruhigend und lassen den Prozeß der Frage und Klage in ihrer einfordernd-aggressiven Weise nicht zu, sondern verdrängen mit großer Konfliktscheu gerade diese Auseinandersetzung und decken sie zu. Solcher Ausfall ist weder der Situation des Leidenden gegenüber redlich, noch nimmt er die biblischen Gebetsgattungen ernst!"[3]

So kommt es darauf an, die Klage als notwendige und legitime Gebetsform wieder in ihr liturgisches Recht einzusetzen. Der (evangelische) Systematiker Otto Bayer schlägt dafür vor allem zwei liturgische Orte vor, die auch in der (katholischen) Eucharistiefeier dringend revisionsbedürftig sind und durch die dezidierte Gestaltung als Klage neue Vitalität erhalten könnten:

> „Die Kirche ist darin Kirche, daß sie von vornherein der Solidarität mit allen Menschen Rechnung trägt; diese Solidarität liegt nicht zuletzt im Fragen und Klagen. Die versammelte Gemeinde Jesu Christi kann zu dieser Solidarität nicht besser gelangen als im Gebrauch der Frage und Klage der Psalmen Israels. Dies muß mit allen Konsequenzen der theologischen Reflexion und der liturgischen Praxis geschehen, besonders im Zusammenhang des ‚Kyrie!' – des Rufes aus der Tiefe: ‚Herr erbarme dich!' – und im Fürbittengebet."[4]

Die von uns oben (IV.3) im Anschluß an J. B. Metz kritisierte Metamorphose eines leidempfindlichen Christentums zu einem primär sündenempfindlichen Christentum könnte hier zu einer Revision ansetzen, wenn das sogenannte Allgemeine Schuldbekenntnis am Beginn der Messe nicht nur die Sündennot, sondern die Not und das Leid der Verzweifelten und der Kranken, der Verfolgten und der Sterbenden beklagen würde – vielleicht sogar mit einem biblischen Klagepsalm. Und ebenso würden die sogenannten Fürbitten eine größere theologische Tiefe erhalten, wenn sie viel konsequenter als Theodizeeklage formuliert wären. Erst wenn wir die Klage auch als Gebet erleben, in dem wir die Leiden *der anderen* hören und beklagen, werden wir die biblischen Feindpsalmen als leidenschaftlichen Kampf um die Gottes-Wahrheit akzeptieren lernen. Ich kann mich deshalb nur mit Nachdruck dem Bonner Pastoraltheologen Gottfried Bitter anschließen:

> „Ich wünsche mir für mich und unsere Gemeinde ein Wiederbeleben des klagenden Betens – gegen unsere offenkundige Apathie und gegen die befürchtete Passivität Gottes, angesichts unserer Enttäuschung über diesen Gott und unseres eigenen ohnmächtigen Protestes.“ [5]

2. Die Psalmen als kontextuelle Poesie einüben und inszenieren

Daß die Psalmen insgesamt und die Feindpsalmen insbesondere *poetische Gebete* sind (vgl. oben IV.4), hat Konsequenzen für den liturgischen Umgang mit ihnen. Gewiß gibt es die spontane, intuitive und meditative Begegnung der einzelnen Beterin und des einzelnen Beters mit einem Psalmtext. Diese wird je nach Situation und Disposition unterschiedlich sein. Wo aber die Psalmen als gemeinschaftliches Gebet (z. B. im Stundengebet oder in der Eucharistiefeier) vollzogen werden, braucht es die Einübung und die adäquate liturgische Inszenierung.

Die Einübung beginnt mit der Sensibilisierung für die Psalmen als Poesie, d. h. für ihre Bildsprache und ihre formale Gestalt. Voraussetzung dafür sind eine poetische Übersetzung und ein Druckbild, die – wie bei Poesie auch sonst – die Struktur des Psalms, also seine Gebetsdynamik, wiedergeben. Beide Desiderate erfüllt unsere „Einheitsübersetzung“ nicht.

Die liturgische Inszenierung, sei es als Rezitation, sei es als Gesang, muß vorbereitet und sehr überlegt vollzogen werden. Der meist übliche („gegenchörige“)

Wechselgesang, der in einem Psalm die gleiche Melodie für Klage, Bitte und Hoffnungsbekenntnis verwendet, ist dafür wenig geeignet. Ich halte den Kantorenvortrag für viel angemessener, wobei die Gemeinde an den von der Psalmstruktur her jeweils angezeigten Struktur-Einschnitten einen geeigneten Psalmvers (oder eine Antiphon) singt oder spricht. Der Psalmvers bzw. die Antiphon der Gemeinde kann dabei den situativen Kontext evozieren, in dem der jeweilige Psalm Offenbarung Gottes (vgl. IV.5) werden will / kann.

Daß es sich von der Perspektive her, die Psalmen als Poesie zu begreifen, verbietet, einzelne Psalmverse auszulassen und damit den Psalm als „Kunstwerk" zu zerstören, haben wir bereits in II.1 allgemein reflektiert und in III.2 und III.5 für die Psalmen 139 und 137 vom Text her begründet. Daß in einer Gemeinde nur eine begrenzte Auswahl von Psalmen verwurzelt werden kann, ist eine pastorale Realität. Und daß die Auswahl dabei mit besonderer Sensibilität erfolgen muß, versteht sich von selbst. Daß freilich die Auswahl alle widerständigen Töne aussparen muß, ist weder pastoral sinnvoll noch theologisch legitim. Aus dem „amtlichen" kirchlichen Stundengebet darf und braucht m. E. *kein einziger Psalm* ausgeschlossen zu werden.

Wohl kann ich mir vorstellen, daß man den semantischen Schock einiger Bilder mildert und daß man einige Formulierungen, die rezeptionsästhetisch nachweislich falsche Konnotationen auslösen, korrigiert. Dies könnte so geschehen, daß im liturgischen Text die freiere Übersetzung steht und in einer Fußnote der wörtliche Text zitiert und erklärt wird. Ich will dies an zwei Beispielen erläutern.

Der in der Tat semantisch schockierende Abschnitt Ps 137,7–9 lautet wörtlich (vgl. oben III.5):

Gedenke, JHWH, den Söhnen Edoms
   den Tag Jerusalems!
Sie sprachen: „Reißt nieder, reißt nieder
   bis auf ihren Grund!"
Tochter Babel, du Gewalttätige:
Selig, wer dir vergilt
   deine Taten, die du uns angetan!
Selig, wer ergreift und zerschmettert
   deine Kinder am Felsgestein.

Vor dem Hintergrund unserer in III.5 gegebenen Erläuterungen würde ich den problematischen Psalmabschnitt mit folgendem Wortlaut, der sehr nah am Text bleibt, wiedergeben:

Tochter Babel, du Gewalttätige:
Selig, wer dich vor Gericht zieht
   wegen der Taten, die du uns angetan.
Selig, wer dich ergreift
   und deiner Herrschaft ein Ende setzt für immer.

Den Psalm insgesamt könnte man in drei Abschnitten rezitieren / singen: V.1–3.4–6.7–9. Die kontextuelle Antiphon, die von der Gemeinde zu singen wäre, könnte V.1 sein.

Ähnlich könnte der semantische Schock, den Ps 58,11 auslöst (vgl. oben III.3) gemildert werden, wenn eine andere Metapher, die in der Sache fast identisch ist, gewählt wird:

Es soll sich freuen der Gerechte, wenn er Ahndung schaut,
   wenn er seine Füße badet im Blut des Frevlers.

Daß sich hier der Wunsch ausspricht, daß „wer zum Schwert greift, am eigenen Schwert umkommen wird" (vgl. Mt 26,52), ist Ausdruck der Sehnsucht, daß sich die Gerechtigkeit gegenüber dem Unrecht durchsetzt. Dies ist hier als personifizierte Auseinandersetzung zwischen „dem Gerechten" und „dem Frevler" formuliert. Als liturgische Übersetzung könnte man wählen:

Es soll sich freuen der Gerechte, daß die Gerechtigkeit siegt,
wenn er erlebt, wie die Macht der Frevler zusammenkracht.

Freilich: Die liturgische Fassung der Feindpsalmen darf ihnen ihre irritierende Kraft nicht nehmen. Sie sollen ja gerade den Schock und den Stachel bewußt machen, den trotz oder gerade wegen der theologischen Rede von der Erlösung die Gewalt und das Leiden an ihr bedeuten. Nur dann kann die liturgische Inszenierung dieser Psalmen sogar zur kulturellen Bändigung der destruktiven Aggressionen beitragen, indem sie diese in die Hand Gottes geben.

3. Die Feindpsalmen kanonisch rezitieren

Die Feindpsalmen bieten weder eine dogmatische Gotteslehre noch eine Kurzfassung biblischer Ethik. Es sind poetische Gebete, die den *Tätern* der Gewalt einen Spiegel vorhalten. Und es sind Gebete, die den *Opfern* der Gewalt, indem sie ihnen den Schrei nach Gerechtigkeit und nach dem Gott der Ahndung in den Mund geben, helfen können, an ihrer Menschenwürde festzuhalten und im betenden Protest gegen die gottwidrige Gewalt die Angst vor den Feinden und den Feindbildern *gewaltlos* auszuhalten. Die in den Psalmen angelegte Übertragung der Vergeltung auf Gott impliziert den Verzicht auf eigene Vergeltung. Das ist auch der gesamtbiblische Kontext, in dem die Feindpsalmen überliefert sind.

Deshalb müssen die Feindpsalmen auch im Wissen um diesen kanonischen Kontext, in dem sie stehen, rezitiert werden, d. h. sie müssen im literarischen Zusammenhang des Psalmenbuchs und der ganzen Bibel gesehen und bewertet werden – als *eine* Stimme in dem vielstimmigen Chor der komplexen Rede von und zu Gott. Als Einzelpsalmen haben sie ihren situativen Kairos: Wer Leidenden die Klage verwehrt, verwehrt ihnen *ihre* Sprache und damit einen fundamentalen Akt ihres Menschseins. Andererseits ist zu bedenken, daß das Psalmenbuch gezielt die Gattungen der Klage, der Bitte, des Lobes, des Dankes, des Zweifels, der weisheitlichen Meditation u. a. buntgemischt nebeneinander stellt und vielfältig miteinander verbindet. Wer sich auf das Psalmenbuch einlassen will, muß sich *auch* auf diese komplexe Sicht der *condition humaine* einlassen – und wird so die Tiefen und die Höhen menschlichen Lebens mit Gott durchwandern. Beim kanonischen Psalmenrezitieren könnte sich der in der Theologie des kirchlichen Stundengebets so wichtige Gedanke des stellvertretenden und solidarischen Betens konkret bewähren.

In der Praxis könnte das Beachten des kanonischen Schriftsinns zwei Konsequenzen haben:

(1) Die Feindpsalmen könnten bei ihrer liturgischen Inszenierung gezielt in den kanonischen Textzusammenhang eingebunden werden, in dem sie nun de facto stehen. Der schwierige Psalm 137 würde seine Gebetsdynamik vor allem dann entfalten, wenn die Psalmenabfolge 136 137 138 gebetet würde. Das „große Hallel" Ps 136 proklamiert die Grundaussage biblischer Gotteshoffnung in immer neuen Variationen:

Lobsingt JHWH, denn er ist gut!
  Ja, ewig währet seine Huld.
Lobsingt dem Gott der Götter!
  Ja, ewig währet seine Huld.

Angesichts dieser Ur-Erfahrung Israels wird die in Ps
137 beklagte Leiderfahrung erst in ihrer ganzen
Schärfe als Schrei nach dem guten Gott verstehbar: Wie
soll Israel „in der Fremde" das Lied vom guten Gott anders singen denn als Schrei des Protestes und der Sehnsucht nach Recht und Gerechtigkeit? Ja, muß Israel
nicht stumm werden angesichts des Schweigens seines
Gottes selbst?

An Babels Kanäle
    dort setzten wir uns und weinten...
Wie könnten wir ein JHWH-Lied singen
    auf dem Boden der Fremde?

In Ps 138 öffnet dann „David" Israels Mund mit der Erinnerung an das Sch^ema Israel, das Mose Israel verkündet hat:

Höre Israel!
JHWH ist unser Gott.
JHWH ist einzig.
Darum sollst du JHWH, deinen Gott, lieben
    mit deinem ganzen Herzen
    und mit deiner ganzen Seele
    und mit deiner ganzen Kraft.   (Dtn 6, 4 f)

An dieses Grundbekenntnis erinnert der Anfang von Ps
138 und schlägt zugleich den Bogen nach Ps 136 zurück:

Von David:
Ich will dir lobsingen mit meinem ganzen Herzen,
    vor (allen) Göttern will ich dir meinen Psalm singen.
Ich werfe mich nieder zu deiner heiligen Wohnung hin,
ich will lobsingen deinem Namen
    wegen deiner Huld und wegen deiner Treue...

(Ps 138, 1–2)

(2) Eine andere Form kanonischen Psalmenbetens ord-
net die schwierigen Feindpsalmen kontrastiv so mit the-

matisch verwandten Psalmen zusammen, daß ein Gebetsdialog entsteht, in den die betende Gemeinschaft hineingezogen wird. Auch dies läßt sich wieder exemplarisch an Ps 137 konkretisieren. Dem Vernichtungswunsch „Tochter Babel, selig wer deiner Herrschaft ein Ende setzt" (137, 8 f; s.o. V.2) kann kontrastiv die in Ps 87 entworfene Vision an die Seite gestellt werden, wonach „Zion" zum Lebens- und Friedenszentrum sogar der „kanonischen" Feinde Israels werden soll:

1a	JHWH hat lieb seine Gründung
1b	auf den heiligen Bergen;
2a	JHWH liebt die Tore Zions mehr
2b	als alle Wohnstätten Jakobs.
3a	Herrliches redet er von dir,
3b	du Stadt Gottes: [Sela.]
4a	„Ich preise Ägypten und Babel
4b	um meiner Bekenner willen;
4c	ja, auch vom Philisterland,
4d	von Tyrus und Äthiopien gilt es:
4e	Der und der ist daselbst geboren.
5a	Aber Zion nenne ich Mutter
5b	Mann für Mann ist in ihr geboren."
5c	Und er selbst, der Höchste, erhält sie.
6a	JHWH zählt im Buche der Völker:
6b	„Der und der ist daselbst geboren." [Sela.]
7a	Und sie singen im Reigen:
7b	„All meine Quellen sind in dir."

Wo Ps 137 und Ps 87 als Gebetsdialog inszeniert werden, kann die befreiende und heilende Kraft des Gebets zum „Gott der Rache" wirksam werden. In diesen Psalmen prallen menschliche Gewalttätigkeit und Gottes Gewaltlosigkeit so aufeinander, daß Unrecht und Leid nicht banalisiert werden, aber gleichwohl dem „Gott des Lebens" das letzte Wort belassen wird.

4. Anstoß zu einer neuen Gebetssprache

In seiner schon oben (vgl. IV.3) zitierten Münsteraner Abschiedsvorlesung fordert J. B. Metz angesichts der Kirchenkrise, die fundamental eine *Gotteskrise* sei, die Revitalisierung der verlorenen biblischen Sprache:

„Elementare Krisen verlangen elementare Reaktionen. Mein Vorschlag ist nicht unmißverständlich. Er wird den einen viel zu unbescheiden, den anderen viel zu bescheiden vorkommen. Woher stammt eigentlich die Theo-logie, die ja, will sie nicht sich und nicht andere betrügen, immer versuchen muß, dies zu sein – Rede von Gott, Rede von Gott in dieser Zeit, in der Zeit der *Gotteskrise*. Woher stammt die Gottesrede, worin gründet sie? Etwa in der Sprache versiegender Traditionen? In der Sprache der Bücher oder doch *des* Buches aller Bücher? In der Sprache der Dogmen oder anderer kirchlicher Institutionen? In der Bildersprache unserer literarischen Fiktionen? In der Rätselsprache unserer Träume? Die Rede von Gott stammt allemal aus der Rede zu Gott, die Theologie aus der Sprache der Gebete. Das klingt fromm und setzt mich bei denen, die mich auch sonst nicht verstehen wollen, dem Verdacht aus, ich, der politische Theologe, hätte mich wieder einmal gewendet, diesmal ins Fromme, zum frommen Untertan.

Doch täuschen wir uns nicht: die Sprache der Gebete ist nicht nur universeller, sondern auch spannender und dramatischer, viel rebellischer und radikaler als die Sprache der zünftigen Theologie. Sie ist viel beunruhigender, viel ungetrösteter, viel weniger harmonisch als sie. Haben wir je wahrgenommen, was sich in der Sprache der Gebete durch Jahrtausende der Religionsgeschichte angehäuft hat (und selbst bei polytheistischen Religionen spricht man von einem *Monotheismus der Gebete*): das Geschrei und der Jubel, die Klage und der Gesang, der Zweifel und die Trauer und das schließliche Verstummen? Haben wir uns vielleicht zu sehr an der kirchlich und liturgisch gezähmten Gebetssprache orientiert, von zu einseitigen Beispielen aus der biblischen Tradition uns genährt? Was ist mit Hiobs Klage *Wie lange noch?*, mit Jakobs Ringen mit dem Engel, mit dem Verlassenheits-

176

schrei des Sohnes und dem Maranatha als letztem Wort des Neuen Testaments? Diese Sprache ist viel widerstandsfähiger, viel weniger geschmeidig und anpassungsbereit, viel weniger vergeßlich als die platonische oder idealistische Sprache, in der die Theologie sich um ihre Modernitätsverträglichkeit bemüht und mit der sie ihre Verblüffungsfestigkeit gegenüber allen Katastrophen und allen Erfahrungen der Nichtidentität probt."[6]

Weil in vielen kirchenamtlichen Gebeten „der Mensch" nicht vorkommt, kommt „Gott" nicht vor – mag er noch so emphatisch beschworen werden. Daß unsere traditionelle liturgische Sprache „in Auschwitz" ihre Unschuld verloren hat, haben wir immer noch nicht begriffen. Ob der Stachel der Feindpsalmen uns aus dem christlichen Irrglauben aufwecken kann, daß *eigentlich* alles so weiter gehen könne wie bisher?

ANMERKUNGEN

I Ein vielschichtiges Problem

1 Zitiert nach K. Marti, Die Psalmen 42–72. Annäherungen, Stuttgart 1992, 5.

2 N. Lohfink, Was wird anders bei kanonischer Schriftauslegung? Beobachtungen am Beispiel von Ps 6: JBTh 3, 1988, 36, mit Verweis auf T. Collins, Decoding The Psalms. A Structural Approach to the Psalter: JSOT 37, 1987, 41–60.

3 Vgl. O. Keel, Feinde und Gottesleugner. Studien zum Image der Widersacher in den Individualpsalmen (SBM 7), Stuttgart 1969, 93–131; einen guten Überblick über die neuere Diskussion zum Thema „Die Feinde in den Psalmen" bietet H. Schulz, Zur Fluchsymbolik in der altisraelitischen Gebetsbeschwörung: Symbolon N. F. 8, 1986, 35–59 (bes. 39–43).

4 Zu Versuchen, Ps 149 den irritierenden Stachel zu ziehen, vgl. u. a. N. Füglister, Ein garstig Lied – Ps 149, in: FS H. Groß, Stuttgart ²1987, 81–105; E. Zenger, Mit meinem Gott überspringe ich Mauern. Einführung in das Psalmenbuch, Freiburg ⁴1993, 53–60; G. Vanoni, Zur Bedeutung der althebräischen Konjunktion w=. Am Beispiel von Ps 149,6, in: FS W. Richter, St. Ottilien 1991, 561–576.
   – Diese Interpretationsversuche dürfen allerdings nicht verdecken, daß Ps 149 zu einer Scheidung unter den Königen und Völkern führt, zu einem „Vernichtungsgericht" an denen, die sich der Warnung von Ps 2, 10–12 nicht unterwerfen. Wieweit apokalyptische Vorstellungen mit im Hintergrund stehen, muß hier offen bleiben.

5 In der Einleitung zum „Kleinen Stundenbuch", Einsiedeln-Freiburg o.J., 7.

6 A. Mertens, Heute christlich Psalmen beten. Zugänge zum Psalmengebet auf dem Hintergrund moderner Psalmenexegese, in: H. Becker / R. Kaczynski (Hrsg.), Liturgie und Dichtung. Ein interdisziplinäres Kompendium II, St. Ottilien 1983, 503.

7 O. Knoch, Altbundlicher Psalter. Wie kann, darf und soll ein Christ ihn beten?: Erneuerung in Kirche und Gesellschaft IV, 1989, 45–47.

8 Vgl. den lateinischen Text des Votums bei V. Huonder, Die Psalmen in der Liturgia Horarum, Fribourg 1991, 7 Anm. 11.

9 H. Junker, Das theologische Problem der Fluchpsalmen: Pastor Bonus 51, 1940, 74.

10 E. Hirsch, Das Alte Testament und die Predigt des Evangeliums, Tübingen 1936, 26.

11 E. Hirsch, Das Alte Testament, 6 f.

12 E. Hirsch, Etwas von der christlichen Stellung zum Alten Testament: Glaube und Volk 1, 1932, 23.

13 F. Baumgärtel, Das Alte Testament, in W. Künneth / H. Schreiner (Hrsg.), Die Nation vor Gott, Berlin 1937, 106 f.

14 F. Baumgärtel, Zur Frage der theologischen Deutung der messianischen Psalmen, in: FS L. Rost (BZAW 105), Berlin 1967, 23.

15 F. Baumgärtel, Zur Frage 24 f.

16 G. Hinricher, Die Fluch- und Vergeltungspsalmen im Stundengebet: BiKi 35, 1980, 55.

17 G. Hinricher, Die Fluch- und Vergeltungspsalmen, 56.

18 F. Buggle, Denn sie wissen nicht, was sie glauben. Oder warum man redlicherweise nicht mehr Christ sein kann. Eine Streitschrift, Reinbek 1992, 79 f.

19 F. Buggle, Denn sie wissen nicht 86 f.

20 F. Buggle, Denn sie wissen nicht 78.

II Ungangbare Lösungswege

1 N. Lohfink, Exodus 32, 7–11.13–14 (24. Sonntag des Jahres), in: J. Schreiner (Hrsg.), Die alttestamentlichen Lesungen der Sonn- und Festtage, Lesejahr C 3, Würzburg/Stuttgart 1971, 47.

2 A. Schenker, Versöhnung und Widerstand. Bibeltheologische Untersuchung zum Strafen Gottes und der Menschen (SBS 139), Stuttgart 1990, 86 f.

3 Vgl. den lateinischen Text des Votums bei V. Huonder, Die Psalmen 6 Anm. 26.

4 Vgl. den lateinischen Text des Votums bei V. Huonder, Die Psalmen 6 f Anm. 30.

5 Vgl. zum lateinischen Text des Votums: V. Huonder, Die Psalmen 11 Anm. 11.

6 Vgl. zum lateinischen Text: V. Huonder, Die Psalmen 8f Anm. 38.

7 Vgl. zum lateinischen Text: V. Huonder, Die Psalmen 12 Anm. 50.

8 Vgl. zum lateinischen Text: V. Huonder, Die Psalmen 101; deutsche Übersetzung ebenda.

9 Nach A. Bugnini, Die Liturgiereform. 1948–1975. Zeugnis und Testament, Freiburg 1988, 540.

10 Vgl. dazu V. Huonder, Die Psalmen 19f. 97–99.

11 Vgl. die kritische Analyse bei: L. Vanlanduyt, The Psalms in the Catholic Sunday-Liturgy: QL 73, 1992, 146–160.

12 Vgl. besonders E. Zenger, Das Erste Testament. Die jüdische Bibel und die Christen, Düsseldorf [3]1993; ders., Am Fuß des Sinai. Gottesbilder des Ersten Testaments, Düsseldorf 1993.

13 Wie tief verwurzelt dieses Klischee in der Christentumsgeschichte ist, beweist beispielsweise folgender Text des jungen Hegel: „Der Geist erkennt nur den Geist; sie sahen in Jesus nur den Menschen, den Nazarener, den Zimmermannssohn, dessen Brüder und Verwandte unter ihnen lebten; so viel war er, mehr konnte er ja auch nicht sein, er war nur einer, wie sie, und sie selbst fühlten, daß sie Nichts waren. Am Haufen der Juden mußte sein Versuch scheitern, ihnen das Bewußtsein von etwas Göttlichem zu geben; denn der Glaube an etwas Göttliches, an etwas Großes kann nicht im Kote wohnen. Der Löwe hat nicht Raum in einer Nuß; der unendliche Geist nicht Raum in dem Kerker einer Judenseele; das All des Lebens nicht in einem dürrenden Blatt" (vgl. Hegels theologische Jugendschriften, herausgegeben von H. Nohl, Tübingen 1907, 312).

14 F. Buggle, Denn sie wissen nicht 95–98.

15 I. Baldermann, Einführung in die Bibel, Göttingen [3]1988, 90f.

16 J. Fichtner, Vom Psalmenbeten. Ist das Beten aller Psalmen der christlichen Gemeinde möglich und heilsam?, in: ders., Gottes Weisheit. Gesammelte Studien zum Alten Testament, Stuttgart 1965, 83f.

17 Der traditionelle christliche Ruf „Christus, erhöre uns" ist übrigens nur sehr begrenzt biblisch legitimiert. Das meist mit „erhören" übersetzte hebräische Verbum bedeutet eigentlich „antworten". Der liturgische Ruf müßte lauten: „Gib uns Antwort, unser Gott!".

18 Übersetzung nach H.-J. Sieben, Athanasius über den Psalter. Analyse seines Briefes an Marcellinus: ThPh 48, 1973, 172f.

19 Die Übersetzungen aus Augustins Psalmenkommentar stammen von H. Weber. Vgl. H. Weber, Die Fluchpsalmen in augustinischer Sicht: ThGl 48, 1958, 443–450 sowie ders. (Hrsg.), Aurelius Augustinus. Die Auslegungen der Psalmen, Paderborn 1955.

20 In diese Richtung gehen die Überlegungen von M. Girard, La violence de Dieu dans la bible juive: approche symbolique et interprétation théologique: ScEs 39, 1987, 145–170.

21 Das ist die These der meisten neueren Arbeiten zum sogenannten JHWH-Krieg; vgl. zuletzt: A. van der Lingen, Les guerres de Yahvé. L'implication de YHWH dans les guerres d'Israël selon les livres historiques de l'Ancien Testament, Paris 1990.

22 Diese Sicht wird vor allem von jenen Autoren herausgestellt, die die kriegerisch-rettende Dimension als „historischen" Kern der JHWH-Religion betonen; vgl. zur Bedeutung dieser Gottes-Perspektive vor allem E. Noort, Geweld in het Oude Testament. Over woorden en verhalen aan de rand van de kerkelijke praktijk, Delft 1985.

23 Vgl. zu dieser Theorie: S. Schroer / O. Keel, Wenn im Ursprung der Teufel steckt. Über die schmerzlichen Beziehungen zwischen Christentum, Judentum und kanaanäischer Religion. Ein Plädoyer für historische Ehrlichkeit: Publik Forum 25, 1994, Nr 2. 18–20.

24 D. Bonhoeffer, Das Gebetbuch der Bibel. Eine Einführung in die Psalmen, Bad Salzuflen [7]1961, 30–32.

III Ein Blick auf die Psalmen selbst

1 Vgl. dazu W. Huber, Die tägliche Gewalt. Gegen den Ausverkauf der Menschenwürde, Freiburg 1993, 168–170.

2 D. Sölle, Die Hinreise. Zur religiösen Erfahrung. Texte und Überlegungen, Stuttgart 1975, 155–164.

3 H. Schmidt, Die Psalmen (HAT I.15), Tübingen 1934, 245.

4 H. Gunkel, Die Psalmen (GHKAT II.2), Göttingen [4]1926, 586.589.

5 F. Wutz, Die Psalmen, München 1925, 351.

6 Die folgenden Überlegungen greifen wichtige Beobachtungen auf, die W. Groß, Von YHWH belagert, in: FS G. Stachel, Mainz 1987, 149–159 gemacht hat; diese Überlegungen präzisieren meine knappe Auslegung von Ps 139 in: E. Zenger, Ich will die Morgenröte wecken. Psalmenauslegungen, Freiburg 1991, 242–253.

7 O. Keel, Schöne, schwierige Welt – Leben mit Klagen und Loben. Ausgewählte Psalmen mit Auslegungen, Berlin 1991, 69.

8 O. Keel, Schöne, schwierige Welt 70.

9 H. Groß / H. Reinelt, Das Buch der Psalmen II (Geistliche Schriftlesung 9), Düsseldorf ²1984, 86.

10 A. Deissler, Die Psalmen. II. Teil (Ps 42–89), Düsseldorf 1964, 157 f.

11 Vgl. A. Bugnini, Die Liturgiereform 426 Anm. 10.

12 The Interpreter's Bible IV, New York/Nashville 1955, 450 f.

13 Vgl. dazu H.-P. Müller, Entmythologisierung und Altes Testament: NZSTh 35, 1993, 2 Anm. 5: „Im konkreten Immanenzbezug des Handelns eines transzendenten JHWH mag man geradezu einen Mehrwert des Alten Testaments gegenüber dem Neuen sehen, der jenes auch für den Christen gegenüber diesem nicht überflüssig macht."

14 H. Weinrich, Semantik der kühnen Metapher, in: A. Haverkamp (Hrsg.), Theorie der Metapher, Darmstadt 1983, 316–339 spricht von der „Widersprüchlichkeit" der Metapher, die ihr den „Charakter der Kühnheit" verleiht.   [70 f.

15 J. Werbick, Bilder sind Wege. Eine Gotteslehre, München 1992,

16 Die Nähe von Ps 83 zu Ps 46 wird vor allem in der beiden Psalmen gemeinsamen semantischen Spannung „Toben der Völker" (46, 4.7; 83, 3) und „Anerkenntnis JHWHs" (46, 11; 83, 19) erkennbar; 46, 11 ist Aufforderung an die Völker, 83, 19 ist Bitte an JHWH.

17 2, 2; 83, 4 („sich verschwören; Verschwörung"); 2, 5; 83, 16.18 („schrecken"); 2, 12; 83, 18 („verschwinden, zugrunde gehen"); 2, 12; 83, 15 („entzünden, entflammen"). Wichtig ist die Strukturparallele zwischen beiden Psalmen: „Völkersturm" gegen JHWH, mit Zitat der Verschwörungsrede; Eingreifen JHWHs durch den „Gottesschrecken", mit dem Ziel, die Völker zur Anerkenntnis der universalen Herrschaft JHWHs zu bewegen.

18 A. Deissler, Die Psalmen. III. Teil (Ps 90–150), Düsseldorf 1965, 185 f.

19 B. Hartberger, „An den Wassern von Babylon..." Psalm 137 auf dem Hintergrund von Jeremia 51, der biblischen Edom-Traditionen und babylonischer Originalquellen (BBB 63), Frankfurt 1986, 222.

20 Vgl. W. Dürig, Die Verwendung des sogenannten Fluchpsalms 108 (109) im Volksglauben und in der Liturgie: MThZ 27, 1976, 71–84.

21 Zitiert nach W. Dürig, Die Verwendung 77.

22 Lateinischer Text bei W. Dürig, Die Verwendung 76 Anm. 17.

23 W. Stärk, Lyrik (Psalmen, Hoheslied und Verwandtes), Göttingen 1911, 196.

24 A. Deissler, Die Psalmen. III. Teil (Ps 90–150), Düsseldorf 1965, 89 f.

IV Zur Hermeneutik der Feind- und Rachepsalmen

1 J. Ratzinger, Einführung in das Christentum, München 1968, 271.

2 „Unsere Hoffnung" I.4.

3 G. Bachl, Das Gericht: Christ in der Gegenwart 45, 1993, 397.

4 G. Bachl, Das Gericht 397.

5 J. Ebach, Der Gott des Alten Testaments – ein Gott der Rache?, in: ders., Biblische Erinnerungen. Theologische Reden zur Zeit, Bochum 1993, 81–93. 82 f; diesem Beitrag verdanke ich viele Anregungen. Vgl. auch W. Dietrich, Rache. Erwägungen zu einem alttestamentlichen Thema: EvTh 36, 1976, 450–472.

6 J. Assmann, Politische Theologie zwischen Ägypten und Israel, München 1992, 85–87.93.

7 J. B. Metz, Gotteskrise. Versuch zur „geistigen Situation der Zeit", in: ders. u. a., Diagnosen zur Zeit, Düsseldorf 1994, 84 f.

8 I. Baldermann, Einführung 100 f.

9 I. Baldermann, Einführung 91.

10 M. Luther, Von wahrer und falscher Frömmigkeit. Auslegungen des 5. und 22. Psalms, Stuttgart 1977, 150.

11 Ps 22 wird von rückwärts her „abgespielt": Ps 22,19 wird in Mk 15,24 aufgenommen; Ps 22,9 wird in Mk 15,30 f eingearbeitet; Ps 22,8 wird in Mk 15,29 verwendet; Ps 22,2 wird in Mk 15,34 zitiert und übersetzt. Von dieser Bewegung her ist ausgeschlossen, daß das hoffnungsvolle Ende des 22. Psalms mitgehört werden soll; dies ist auch durch Mk 15,37 („Jesus schrie laut und verschied") verwehrt.

12 Zur Auseinandersetzung mit diesem „Neo-Markionismus" vgl. E. Zenger, Am Fuß des Sinai 20–27.

13 Wie unausrottbar das Klischee vom besseren „neuen" Wein in diesem Zusammenhang ist, zeigt die (in vielfacher Weise verdienstvolle) Arbeit von V. Huonder, Die Psalmen, die folgendes Fazit zieht: „Die imprekatorischen Texte sind Bestandteil der Heiligen Schrift. Sie bilden damit jenes Glaubensgut, das wir als

Wort Gottes heilighalten. Doch, wie sollten wir sie verstehen? Wo sie innerhalb einer heilsgeschichtlichen Betrachtung der Bibel ansiedeln? Ist ein inspirierter Text schlechthin überzeitlich? Solche Fragen bewegen uns angesichts ähnlicher Aussagen, vor allem nachdem Jesus aufgezeigt hat, dass der Anspruch der Schrift zeit- und situationsgebunden sein kann und vor allem in der ‚Fülle der Zeiten' zu relativieren ist. Immer wieder wird man sich an sein Wort erinnern, dass neuer Wein in neue Schläuche gehört" (188). Dieses vielzitierte Jesus-Logion (vgl. Mt 9,16 f) will zunächst einmal die wertvollen (!) alten Schläuche vor dem noch gärenden jungen Wein schützen – und natürlich auch diesen jungen Wein, der beim Platzen der alten Schläuche auslaufen würde. Daß alter Wein besser als neuer/ junger Wein ist, sagt übrigens Jesus in Lk 5,38 ausdrücklich.

14 Vgl. dazu die bemerkenswerten Ausführungen des neuen Dokuments der Päpstlichen Bibelkommission „Die Interpretation der Bibel in der Kirche" von 1993.

15 Vgl. zur Deutung H.-J. Klauck, 2. Korintherbrief (NEB.NT 8), Würzburg 1986, 39: „Die Decke auf dem Antlitz des Mose ist religionsgeschichtlich gesehen von altorientalischen Priestermasken herzuleiten. Der Priester, der sie trägt, wenn er aus dem Heiligtum kommt, schlüpft in die Rolle der Gottheit und verkündet an ihrer Statt das Orakel. Dieser Brauch ist in Ex 34 bereits polemisch ins Gegenteil verkehrt. Mose legt die Hülle erst an, nachdem er das Gotteswort verkündet hat, ehe er erneut ins Heiligtum geht. Von einem Verblassen des Glanzes wird im AT nicht gesprochen. Das ist eine exegetische Schlußfolgerung, die Paulus vornimmt – falls man überhaupt bei dieser Übersetzung bleibt, die man nur im Sinne eines frommen Betrugsmanövers verstehen kann: Mose *verschleiert* die Tatsache, daß der Glanz nur kurze Zeit währt. Paulus will ihn ent*larven*."

16 Selbst ein Spitzensatz wie „Gott ist die Liebe" (1 Joh 4,8.16) ist nur kontextuell „wahr"; er ist in der Christentumsgeschichte bekanntlich nicht selten „un-wahr" eingesetzt worden...

17 L. Baeck, Das Wesen des Judentums (1906), Wiesbaden [7]o.J., 31.

18 J. Werbick, Der Streit um den „Begriff" der Offenbarung und die fundamentalistische Versuchung der Theologie, in: ders. (Hrsg.), Offenbarungsanspruch und fundamentalistische Versuchung (QD 129), Freiburg 1991, 32 f.

V Folgerungen für die Praxis

1 U. Rauchfleisch, Allgegenwart von Gewalt, Göttingen 1992,
  8.242–244.
2 O. Bayer, Erhörte Klage: NZSTh 25, 1983, 260.
3 O. Fuchs, Klage. Eine vergessene Gebetsform, in: H. Becker /
  B. Einig / P.-O. Ullrich (Hrsg.), Im Angesicht des Todes. Ein interdisziplinäres Kompendium II, St. Ottilien 1987, 944.
4 O. Bayer, Erhörte Klage 271.
5 G. Bitter, Wie kann ein ohnmächtiger Glaube wieder lebenskräf-
  tig werden?: Lebendiges Zeugnis 39, 1984, 60.
6 J. B. Metz, Gotteskrise 79 f.

WEITERFÜHRENDE LITERATUR
IN AUSWAHL

R. Althann, The Psalms of vengeance against their Ancient Near Eastern Background: JNWSL 18, 1992, 1–11.

H. A. Brongers, Die Rache- und Fluchpsalmen im Alten Testament: OTS 13, 1963, 21–42.

W. Dietrich, Rache. Erwägungen zu einem alttestamentlichen Thema: EvTh 36, 1976, 450–472.

J. Ebach, Der Gott des Alten Testaments – ein Gott der Rache?, in: *ders.,* Biblische Erinnerungen. Theologische Reden zur Zeit, Bochum 1993, 81–93.

N. Füglister, Vom Mut zur ganzen Schrift. Zur Eliminierung der sogen. Fluchpsalmen: Stimmen der Zeit 184, 1969, 186–200.

M. Girard, La violence de Dieu dans la bible juive: approche symbolique et interprétation théologique: Science et Esprit 39, 1987, 145–170.

F. L. Hossfeld / E. Zenger, Die Psalmen I. Psalm 1–50 (NEB.AT 29), Würzburg 1993.

O. Keel, Feinde und Gottesleugner. Studien zum Image der Widersacher in den Individualpsalmen (SBM 7), Stuttgart 1969.

J. C. Laney, A fresh look at the Imprecatory Psalms: Bibliotheca Sacra 138, 1981, 35–45.

N. Lohfink, „Gewalt" als Thema alttestamentlicher Forschung, in: *ders.,* Gewalt und Gewaltlosigkeit im Alten Testament (QD 96), Freiburg 1983.

ders., Der gewalttätige Gott des Alten Testaments und die Suche nach einer gewaltfreien Gesellschaft: JBTh 2, 1987, 106–136.

P. Maiberger, Zur Problematik und Herkunft der sogenannten Fluchpsalmen: TrThZ 97, 1988, 183–216.

A. Miller, Fluchpsalmen und israelitisches Recht: Ang 20, 1943, 92–101.

L. Ruppert, Klagelieder in Israel und Babylonien – verschiedene Deutungen der Gewalt, in: *N. Lohfink (Hrsg.),* Gewalt (s.o.) 130–158.

ders., Art. Fluch- und Rachepsalmen: NBL I, 685 f.

O. *Schilling,* Noch einmal die Fluchpsalmen: ThGl 47, 1957, 177–185.

R. *Schmid,* Die Fluchpsalmen im christlichen Gebet, in: Theologie im Wandel. FS der Kath.-Theol. Fakultät Tübingen, München 1967, 367–393.

H. *Schulz,* Zur Fluchsymbolik in der altisraelitischen Gebetsbeschwörung: Symbolon N. F. 8, 1986, 35–59.

W. *Sommerfeld,* Flüche und Fluchformeln als Quelle für die altorientalische Kulturgeschichte, in: FS K. Bergerhof (AOAT 232), Kevelaer/Neukirchen 1993, 447–463.

L. I. J. *Stadelmann,* As maldiçoes nos salmos: Persp. Teol 20, 1988, 317–338.

M. *Vervenne,* „Satanic Verses"? War and Violence in the Bible, in: *R. Burggraeve / M. Vervenne (Hrsg.),* Swords into plowshares. Theological Reflections on Peace, Louvain 1991, 65–126.

R. *Warnecke,* Die Rachepsalmen: EvErz 14, 1962, 369–384.

S. *Wyss,* Fluchen. Ohnmächtige und mächtige Rede der Ohnmacht, Fribourg 1984.

E. *Zenger,* Mit meinem Gott überspringe ich Mauern. Einführung in das Psalmenbuch, Freiburg 1993.

ders., Ich will die Morgenröte wecken. Psalmenauslegungen, Freiburg 1991.

WEITERE BÜCHER VON ERICH ZENGER

Erich Zenger
Ich will die Morgenröte wecken
Psalmenauslegungen
268 Seiten, gebunden
ISBN 3-451-22458-5
Taschenbuchausgabe: ISBN 3-451-8810-X

Mit sensibler Lebensnähe und wissenschaftlich fundiert, erschließt einer der kreativsten Alttestamentler den gemeinsamen spirituellen Schatz Israels und der Kirche.

Erich Zenger
Mit meinem Gott überspringe ich Mauern
Einführung in das Psalmenbuch
4. Auflage, 240 Seiten, gebunden
ISBN 3-451-21094-0

„Selten wird über die Psalmen in solch einer geglückten Verbindung von Fachkenntnis und pastoraler Ausrichtung geschrieben"
(Zeitschrift für kath. Theologie).

Der neue Bund im Alten
Studien zur Bundestheologie der beiden Testamente
Beiträge von Ch. Dohmen / W. Gross /
F. L. Hossfeld / H. W. Jüngling / B. Lang /
J. Marböck / A. Schenker / E. Zenger.
Herausgegeben von Erich Zenger
Questiones disputatae, 146
212 Seiten, kartoniert
ISBN 3-451-02146-3

Verlag Herder Freiburg · Basel · Wien

EXEGETISCHE GRUNDLAGENWERKE

Joachim Gnilka
Jesus von Nazareth
Botschaft und Geschichte
Sonderausgabe
336 Seiten, kartoniert
ISBN 3-451-23040-2

Das maßgebliche Grundlagenwerk der Jesusforschung. In der preiswerten Sonderausgabe ist es einem weiten Lesepublikum erschlossen und nun endlich auch für Studierende erschwinglich.

Joachim Gnilka
Theologie des Neuen Testaments
Herders Theologischer Kommentar zum Neuen Testament
Supplementband
448 Seiten, gebunden
ISBN 3-451-23307-X

Rudolf Schnackenburg
Die Person Jesu Christi im Spiegel der vier Evangelien
Supplementband
358 Seiten, gebunden
ISBN 3-451-23072-0

Verlag Herder Freiburg · Basel · Wien